Joachim Mohr • Frank Lechner

Alleinerziehend – das sind Ihre Rechte

Joachim Mohr • Frank Lechner

Alleinerziehend – das sind Ihre Rechte

Von Unterhalt bis staatliche Hilfen
Was Ihnen und Ihrem Kind zusteht

Linde international

stern

Bibliografische Information der Deutschen Nationalbibliothek

Die Deutsche Nationalbibliothek verzeichnet diese Publikation in der Deutschen Nationalbibliografie; detaillierte bibliografische Daten sind im Internet über http://dnb.d-nb.de abrufbar.

ISBN 978-3-7093-0259-0

Umschlag: *stern* und buero8

1210 Wien, Scheydgasse 24, Tel.: 01/24 630
www.lindeverlag.de
www.lindeverlag.at

Druck: Hans Jentzsch u Co. Ges.m.b.H.
1210 Wien, Scheydgasse 31
1

Inhalt

Vorwort

Alleinerziehende kann man zu den stillen Heldinnen unserer Gesellschaft zählen. Ja, Heldinnen, denn es sind fast immer Frauen. Sie kümmern sich rund um die Uhr um die Kinder, können die Verantwortung nicht mal vorübergehend abgeben, haben oft nicht viel Geld und müssen mit einem Bruch in ihrem Leben fertigwerden, denn die meisten sind ungeplant und nicht gewollt alleinerziehend. Und wenn es blöd läuft, macht der getrennte Lebenspartner, die Behörde oder sonst jemand die Lage noch schwieriger.

Der *stern*-Ratgeber „Alleinerziehend – das sind Ihre Rechte“ verschafft ein wenig Linderung an einer zentralen Stelle: Er ist ein umfassendes Faktenbuch rund ums Geld, damit Sie wissen, was Ihnen und Ihrem Kind zusteht und wie Sie klug Vorsorge treffen. Das Wichtigste steht am Anfang: die Ansprüche gegen den anderen Elternteil. Ein geregelter Unterhalt und klare Vereinbarungen, wer wann das Kind oder die Kinder sehen kann, ist das Fundament für Alleinerziehende. Allzu häufig scheitert es aber schon hieran.

Doch gibt es noch weit mehr zu beachten: Gerade für Alleinerziehende ist es wichtig, Vorsorge etwa für den eigenen Todesfall zu treffen. Und wer Kinder erzieht, bekommt Geld vom Staat. Doch auch hier ist Rat nützlich, denn die Bürokratie macht es nicht immer leicht zu verstehen, welche Rechte man hat und wie man sie durchsetzt.

Der *stern*-Ratgeber „Alleinerziehend – das sind Ihre Rechte“: ein praktischer Helfer, damit Sie keinen Cent verschenken und die Lage stets im Griff behalten.

Frank Thomsen

Chefredakteur *stern.de*

Einleitung

„Alleinerziehende sind Mütter und Väter, die ohne Ehe- oder Lebenspartner/in mit ihren minder- oder volljährigen Kindern ... in einem Haushalt zusammenleben. Elternteile mit Lebenspartner/in im Haushalt zählen zu den Lebensgemeinschaften mit Kindern."

Definition des Statistischen Bundesamtes

Die Zahl der Alleinerziehenden in Deutschland steigt. Laut „Familienreport 2010" lebt heute bereits jedes fünfte Kind bei nur einem Elternteil (1998 war es jedes siebente). Die meisten Alleinerziehenden sind weiblichen Geschlechts (etwa 90 Prozent).

Von typischen Problemen wie Armut und Doppelbelastung sind vor allem Frauen betroffen. Laut Statistik sind etwa 39 Prozent der Alleinerziehenden in der Bundesrepublik Deutschland armutsgefährdet. Sie müssen mit weniger als 60 Prozent des Durchschnittseinkommens vergleichbarer Privathaushalte auskommen.

Dieser Ratgeber zeigt Alleinerziehenden, welche Rechte sie haben und was ihnen und ihren Kindern zusteht. Er erläutert im ersten Kapitel („Ansprüche Alleinerziehender gegen den anderen Elternteil"), wie Unterhalt für Kinder und Alleinerziehende berechnet, gefordert und eingetrieben werden kann. Kapitel 2 („Regelungen betreffend die Kinder") behandelt das Umgangs- und Sorgerecht. Kapitel 3 zeigt, welche Kosten durch Anwälte und Gerichte auf Alleinerziehende zukommen. Das vierte Kapitel widmet sich der Vorsorge für Alter, Krankheit und den Todesfall. Kapitel 5 erklärt, welche Ansprüche Alleinerziehende gegenüber ihrem Arbeitgeber geltend machen können. Das sechste und letzte Kapitel des Buches schließlich beschäftigt sich mit den Ansprüchen Alleinerziehender gegen den Staat – vom Eltern- und Kindergeld bis hin zu ALG I und Hartz IV.

Im Anhang finden Betroffene und Interessierte nützliche Musterschreiben und die aktuelle Düsseldorfer Tabelle zur Berechnung des Unterhalts.

KAPITEL 1

Ansprüche Alleinerziehender gegen den anderen Elternteil

Sobald sich abzeichnet, dass eine Mutter oder ein Vater alleinerziehend leben wird, kommt es entscheidend darauf an, die finanzielle Situation zu klären und – soweit möglich – Unterhaltsansprüche durchzusetzen.

Typische Anzeichen eines künftigen Alleinerziehenden-Daseins sind unter anderem:

- eine Schwangerschaft ohne stabile Partnerschaft,
- eine neue Beziehung des (Ehe-)Partners,
- eine Trennung vom (Ehe-)Partner,
- die Einreichung der Scheidung.

Beratung durch Anwalt

Der wichtigste Berater ist jetzt ein im Familienrecht versierter Anwalt, in der Regel ein Fachanwalt für Familienrecht, der sich im komplizierten Unterhaltsrecht auskennt. Auch mittellose Personen kommen übrigens in den Genuss einer – für sie nahezu kostenfreien – Rechtsberatung! Es ist lediglich eine Eigenbeteiligung in Höhe von 10 Euro zu zahlen (siehe hierzu Seite 68 f und Seite 136 ff).

Anforderung von Auskünften

Als „Finanzier“ der Aufwendungen für das Kind und einer alleinerziehenden Person kommt in erster Linie der andere Elternteil, in den meisten Fällen der Vater, in Frage. Sofern möglich, sollte man ihn zur Kasse bitten und, wenn nötig, zwingen. Viele Väter versuchen, sich den fälligen Zahlungen zu entziehen, doch dagegen gibt es wirksame Mittel: Anfragen, Klagen, Berechnungen, Prozesse und vollstreckbare Titel. Übrigens beginnt der Unterhaltsanspruch immer mit der ersten Anforderung von Auskünften zum Einkommen bzw. mit der Aufforderung, Unterhalt zu zahlen.

EXPERTENTIPP

Sie sollten so früh wie möglich von der voraussichtlich unterhaltspflichtigen Person in schriftlicher Form oder vor verlässlichen Zeugen Auskünfte zum Einkommen verlangen! Eine mündliche Anforderung sollten Sie unbedingt schriftlich niederlegen und von einem Zeugen bestätigen lassen!

Faustregeln

Wie hoch Unterhaltszahlungen ausfallen, hängt von komplizierten Berechnungen ab, die wir auf den kommenden Seiten darlegen. Hier nur zwei Faustregeln: Je besser die Einkommenssituation des Vaters und je weniger Kinder er hat, desto höher die Unterhaltszahlungen an das Kind und an dessen alleinerziehende Mutter. Ein Mann, der aufgrund von Erwerbsarbeit und Mieteinnahmen mehrere tausend Euro verdient, hat nach der Düsseldorfer Tabelle viel an Unterhalt für jedes Kind zu zahlen. Umgekehrt gilt: Je ärmer der Vater eines Kindes und je mehr Kinder er hat, desto weniger bekommt das Kind an Unterhalt, während die alleinerziehende Person kaum oder kein Geld erhält.

Im Folgenden werden die wichtigsten Faktoren für Unterhaltsberechnungen erläutert. Mit diesem Wissen können Sie als alleinerziehende Person die Größenordnung der wahrscheinlichen Unterhaltszahlungen abschätzen. Da sehr viele Details zu beachten sind und im Einzelfall geradezu detektivische Nachforschungen erforderlich sind, sollte eine im Unterhaltsrecht versierte Person die detaillierten Berechnungen vornehmen.

Vorgehen

Das Vorgehen bei den **Berechnungen**: Zuerst wird aufgrund von Informationen aus der Vergangenheit jenes Einkommen der unterhaltspflichtigen Person ermittelt, das voraussichtlich in Zukunft erzielt wird. Davon werden bestimmte unterhaltsrelevante „Belastungen“ abgezogen (Der Unterhaltspflichtige muss ja leben können, um den Unterhalt zu erwirtschaften und für Krankheit und Alter Vorsorge treffen zu können). Aus dem für die Unterhaltsberechnungen maßgeblichen Einkommen ergibt sich sodann nach der Düsseldorfer Tabelle (siehe Seite 147) der Unterhaltsbetrag für das Kind.

Seit dem 1. Januar 2008 gilt in der Bundesrepublik Deutschland ein **reformiertes Unterhaltsrecht**. Die Reform hatte drei Schwerpunkte:

Vorrang der Kinder

An erster Stelle wurde der Vorrang minderjähriger Kinder vor allen anderen Unterhaltsberechtigten festgeschrieben. Zum Zweiten wurde die wirtschaftliche Eigenverantwortung der Ehegatten nach einer Trennung und Scheidung in den Vordergrund gestellt. Wer während der Ehe oder in einer Lebensgemeinschaft nicht berufstätig war, wird nach einer Trennung/Scheidung nun vom Gesetzgeber mit der Erwartung konfrontiert, (wieder) eine Ganztagstätigkeit aufzunehmen.

Gleichstellung

Als dritte große Veränderung wurde die weitgehende Gleichstellung von ehelichen und nichtehelichen Elternteilen in das Gesetz aufgenommen. Eine unverheiratete Mutter, die für gemeinsame Kinder sorgt, kann nun im Regelfall genauso lange Unterhalt verlangen wie eine geschiedene Ehefrau, die Kinder betreut.

Die Rangfolge der Unterhaltsansprüche

Kinder auf Rang eins

Eine ganz entscheidende Rolle bei der Berechnung von Unterhaltsansprüchen spielt die Rangfolge der Berechtigten. Die minderjährigen Kinder sowie volljährige Kinder, die noch in die Schule gehen, stehen auf Rang eins. Sie kommen zuerst in den Genuss von Unterhaltszahlungen. Der alleinerziehende Elternteil – meist die Mutter – erhält das Geld nicht für sich selbst, sondern für das Kind (Wohnung, Lebensunterhalt, Erziehung und andere Ausgaben – zum Beispiel Spielzeug, Fahrrad, Klassenfahrten, Musikunterricht oder Sportverein).

Getrennt lebende, geschiedene und unverheiratete Elternteile, die Kinder betreuen, folgen erst an zweiter Stelle. Ihnen sind geschiedene Ehegatten, die zwar keine Kinder mehr betreuen, aber sehr lange verheiratet waren, gleichgestellt.

Die Rangfolge, in der Unterhaltsansprüche zu befriedigen sind, ist immer dann von Bedeutung, wenn eine zum Unterhalt verpflichtete Person nicht in der Lage ist, für den vollen geschuldeten Unterhalt aller Berechtigten aufzukommen. Dies ist fast immer der Fall.

Zuerst steht also den Kindern Unterhalt zu. Erst dann, wenn nach Berücksichtigung des Kindesunterhalts noch Geld übrig ist, kommen Erwachsene als „Unterhaltsberechtigte" zum Zuge. Auf der gleichen Rangstufe erfolgt eine Verteilung der Einkünfte auf die Unterhaltsberechtigten im Verhältnis ihres jeweiligen Unterhaltsbedarfs. Eine junge alleinerziehende Mutter und eine langjährige Ehefrau können also in der Theorie hohe Unterhaltsansprüche haben. Wenn der Vater eines Kindes bzw. der Ex-Ehemann nur wenig verdient, kann es jedoch sein, dass die Frauen sich einen kläglichen Restbetrag teilen müssen oder keinen einzigen Cent als Unterhalt erhalten, weil der Mann die Mittel, die für Unterhaltsleistungen zur Verfügung stehen, vollständig für die im ersten Rang stehenden Kinder einsetzen muss.

Trotz Unterhaltsanspruchs kein Geld

Ermittlung des unterhaltsrelevanten Einkommens

Die Höhe aller Unterhaltsansprüche hängt vom Einkommen der Beteiligten ab, also beider Elternteile und auch jenem der Kinder. Hier sind keineswegs nur Einkünfte aus abhängiger Beschäftigung und selbständiger Arbeit zu berücksichtigen, sondern auch zahlreiche andere reale und fiktive (das heißt: angenommene, mögliche) Einkommensarten. Die vollständige Ermittlung des Einkommens der Beteiligten ist daher entscheidend für die Durchsetzung von Unterhaltsansprüchen.

Vollständige Ermittlung

Der Unterhalt wird – abgesehen von etwaigen Unterhaltsrückständen – für die Zukunft festgelegt. Das Einkommen in der Vergangenheit wird als Anhaltspunkt für das Einkommen in der Zukunft herangezogen. Haben sich in der Vergangenheit Veränderungen ergeben, die sich auf die zukünftige Höhe des Einkommens auswirken (beruflicher Auf- oder Abstieg, Beginn von Rentenzahlungen), sind diese Faktoren bei den Berechnungen zu berücksichtigen.

Das Einkommen von Arbeitnehmern

Netto-gehalt von 12 Monaten

Bei nichtselbständigen Arbeitnehmern wird im ersten Schritt das Nettogehalt der letzten zwölf Monate, einschließlich sämtlicher Zulagen, Gratifikationen, Aufwandsentschädigungen, Spesen und Tantiemen ermittelt. Aus diesen Einkünften kann dann ein durchschnittliches monatliches Einkommen errechnet werden, das der Unterhaltsberechnung zugrunde gelegt wird.

Die Höhe der Einkünfte wird den letzten zwölf Gehaltsabrechnungen entnommen. Durch Sonderzuwendungen wie Urlaubs- und Weihnachtsgeld, die in der Regel im Juni oder November eines Jahres geleistet werden, erhöht sich rechnerisch das durchschnittliche monatliche Nettoeinkommen.

EXPERTENTIPP

Oft kommt es vor, dass Arbeitnehmer statt Monatsverdienstbescheinigungen nur eine Jahresverdienstbescheinigung vorlegen. Aus dieser Bescheinigung ist jedoch nicht ersichtlich, ob längere Krankheitszeiten zu einer Verminderung der Einkünfte geführt haben oder ob im Laufe des Jahres eine Einkommenserhöhung erfolgt ist, die in Zukunft zu berücksichtigen wäre. Fachanwälte für Familienrecht, die sich hier auskennen, lassen sich daher nicht davon abbringen, die Vorlage von Monatsabrechnungen zu fordern.

Zumutbare Nebentätigkeit

Zur Aufnahme einer Nebentätigkeit (neben einer Vollzeiterwerbstätigkeit oder während des Rentnerdaseins) besteht in der Regel keine rechtliche Verpflichtung. Ein Vater braucht also keine zweite Tätigkeit aufzunehmen, um seinen Unterhaltsverpflichtungen nachkommen zu können. Hat er jedoch in der Vergangenheit jahrelang als Kellner das Einkommen aufgebessert und kann er nur unter Einbeziehung dieser Einkünfte den Mindestbedarf von Kindern der ersten Rangstufe befriedigen, muss er diese Tätigkeit weiter ausüben. Das gilt jedenfalls, wenn er dazu vor allem gesundheitlich weiterhin in der Lage ist.

Abfindung nach Kündigung

Eine Abfindung, die ein Arbeitgeber nach einer Kündigung gezahlt hat, die der Arbeitnehmer nicht verschuldet hat, ist für die Zeit der Arbeitslosigkeit wie Einkommen zu behandeln. Die Abfindung wird auf einen längeren angemessenen Zeitraum zur Aufstockung des Arbeitslosengeldes umgelegt. Hat der Arbeitslose jedoch wieder eine Stelle, wird nur noch das neue Einkommen zugrunde gelegt. Geldwerte Zuwendungen des Arbeitgebers – Stichwort Firmenwagen, der privat genutzt werden kann – stellen ebenfalls unterhaltsrelevante Einkünfte (etwa 150 und 300 Euro) dar.

Einkommen aus selbständiger Tätigkeit

Da das Einkommen von Selbständigen in der Regel je nach Auftragslage stark schwankt, werden bei „Einkünften aus selbständiger Tätigkeit" die Gewinne der drei letzten vollen Kalenderjahre vor der Trennung zugrunde gelegt. Einkünfte im laufenden Kalenderjahr spielen dagegen in der Regel keine Rolle.

Die Rechtsprechung verlangt, dass eine Auskunft zeitnah nach Abschluss eines Kalenderjahres, spätestens bis Ende Juni des Folgejahres, zu erteilen ist. Die Auskünfte des Selbständigen müssen durch Vorlage der betrieblichen Ergebnisrechnung belegt werden, das können je nach Art des Unternehmens Einnahme-Überschussrechnungen oder Bilanzen sein.

Vorsicht, Unternehmer!

In diesem Zusammenhang sollten alleinerziehende Mütter und Väter beachten, dass sich Selbständige mit bilanztechnischen Mitteln „arm rechnen" können. Steuerlich zulässige Gestaltungen, die zu einer Gewinnminderung führen, sind jedoch nicht automatisch die Basis unterhaltsrechtlicher Berechnungen. Ein besonderes Augenmerk verdienen Abschreibungen für Grundstücke und Gebäude, deren tatsächlicher Wert im Referenzzeitraum nicht zurückgegangen ist (Beispiel: Gewerbeimmobilien werden gewinnmindernd abgeschrieben, obwohl dem gar kein tatsächlicher Wertverlust in entsprechender Höhe gegenübersteht).

Weitere Einkommensarten

Eltern- und Kindergeld

Auch Arbeitslosengeld, Elterngeld, Rente und Pflegegeld gelten als Einkommen. Elterngeld wird als Einkommen berücksichtigt, soweit es den Mindestbetrag in Höhe von 300 Euro pro Monat übersteigt. Kindergeld wird nicht als Einkommen der Eltern betrachtet, obwohl es sich um eine vorweggenommene Steuererstattung handelt. Es wird aber auf den Kindesunterhaltsbedarf angerechnet (das heißt: Von der monatlich fälligen Unterhaltszahlung wird das halbe Kindergeld – der Anteil, der dem Unterhaltspflichtigen zustehen würde – abgezogen).

Vermietung und Verpachtung

Einkommen im Sinne des Unterhaltsrechts sind die Einnahmen aus Vermietung und Verpachtung abzüglich der Aufwendungen für Instandhaltung. Abschreibungen auf den Gebäudewert sind in der Regel nicht gewinnmindernd zu beachten.

Auch Einkünfte aus Aktien und Geldanlagen müssen bei der Aufstellung des Einkommens berücksichtigt werden. Als maßgeblicher Auskunftszeitraum für Zinsen und Dividenden werden die letzten drei Jahre herangezogen, weil auch hier Einkunftsschwankungen – beispielsweise durch veränderte Zinsen – typisch sind. Als Nachweise sind Bescheinigungen der Banken vorzulegen.

Steigende Aktien – kein Segen

Ein Unterhaltsverpflichteter, der über Aktien verfügt, deren Wert durch Kursgewinne steigt, muss von der Geldvermehrung nichts abgeben. Es handelt sich hier um „Vermögensbildung", die nicht als unterhaltsrelevantes Einkommen zu berücksichtigen ist. Kinder und alleinerziehende Mütter kommen daher nicht in den Genuss der Börsenspekulation. Lediglich bei einer Scheidung kann es sein, dass ein Ehepartner im Rahmen des Zugewinnausgleichs von der Wertsteigerung der Aktien des anderen Partners profitiert. Der einmalige Zugewinnausgleich bei der Scheidung hat jedoch mit dem Unterhalt nichts zu tun.

Steuern und Unterhalt

Steuererstattungen gelten als Einkommen im Sinne des Unterhaltsrechts und sind bei der Unterhaltsermittlung zu

Einkommenssteuerbescheid

berücksichtigen. Dagegen stellt eine **Steuernachzahlung** eine Belastung dar, die das unterhaltsrechtliche Einkommen mindert. Arbeitnehmer müssen durch Vorlage des letzten Einkommenssteuerbescheids Auskunft über ihre letzte Steuererstattung erteilen.

Eine **Änderung der Steuerklasse**, die sich auf das zukünftige Nettoeinkommen auswirkt, ist ebenfalls bei der Ermittlung des Einkommens zu berücksichtigen. Das gilt auch für eine Änderung der Steuerklasse durch die erneute Eheschließung eines Unterhaltsverpflichteten.

Selbstgenutzte Wohnung – geldwerter Vorteil

Mietersparnis

Nutzt ein Elternteil nach der Trennung eine in seinem Eigentum oder Miteigentum stehende Immobilie, wird das unterhaltsrechtlich als Einkommen gewertet. Der angenommene geldwerte Vorteil entspricht der ersparten Miete, die bei Anmietung eines vergleichbaren Objekts zu zahlen wäre.

Die Rechtsprechung unterscheidet jedoch bei der Bemessung dieses geldwerten Wohnvorteils bei Ehegatten zwischen der Trennungszeit und der Zeit nach der rechtskräftigen Scheidung. Während der Trennungszeit wird in der Regel nicht der reale Mietwert als geldwerter Vorteil bei den Einkünften berücksichtigt, sondern nur der individuelle Wohnbedarf.

BEISPIEL

Das unverheiratete Paar Susanne P. und Wolfgang B. bewohnt mit seinen Kindern eine Wohnung mit 90 Quadratmetern, die allein Wolfgang als Eigentümer gehört. Im Rahmen der Trennung zieht Susanne mit den Kindern aus. Bei einem ortsüblichen Kaltmietzins von 5 Euro würde sich ein Wohnwertvorteil in Höhe von 450 Euro ergeben. Für sich selbst würde Wolfgang aber lediglich eine Wohnfläche von etwa 60 Quadratmetern benötigen. Während der Trennungszeit wird daher der Wohnbedarf auf einen entsprechenden Betrag, mithin auf 300 Euro, begrenzt. Unterhaltsrechtlich erzielt Wolfgang ein fiktives Einkommen in der Höhe von 300 Euro. Um sich finanziell besserzustellen, vermietet Wolfgang ein Zimmer für 200 Euro pro Monat an einen Freund. Auch dieser Mietzins erhöht sein Einkommen.

Fiktive Einkünfte

Einkünfte, die nicht real erzielt wurden, stellen einen Sonderfall des anrechenbaren Einkommens dar. Einem Unterhaltsverpflichteten oder -berechtigten werden hier Einkünfte zugerechnet, die er erzielen könnte, würde er deren Erwerb nicht „treuwidrig“ unterlassen. Das kann beispielsweise der Fall sein, wenn ein Elternteil aus eigenem Verschulden arbeitslos wird oder ohne Not zu einer schlechter bezahlten Tätigkeit wechselt und dadurch die Unterhaltsansprüche gefährdet.

Eigenes Verschulden

In diesen Fällen spielt das Einkommen eine Rolle, das erzielt worden wäre, wenn die betreffende Person ihre Arbeitskraft in zumutbarer Weise und so gut wie möglich verwertet hätte. Grundlage für die Bemessung eines fiktiven Einkommens sind die realen Beschäftigungschancen, die abhängig sind von der Ausbildung, dem Alter, dem Gesundheitszustand und der Berufserfahrung.

Soweit eine unterhaltsberechtigte Person mit einem neuen Partner zusammenlebt und keiner nennenswerten Erwerbstätigkeit nachgeht, kann ihr auch ein fiktives Einkommen für die Haushaltsführung des Lebensgefährten angerechnet werden. Nach der Rechtsprechung werden für diese Leistung Beträge bis zu 400 Euro als fiktives Einkommen angesetzt.

Haushaltsführung

EXPERTENTIPP

Als alleinerziehende Mutter sollten Sie sehr genau prüfen, ob Sie sich nicht finanziell schlechterstellen, wenn Sie mit einem neuen Partner zusammenziehen. Nur dann, wenn Sie ohnehin keinen Unterhaltsanspruch haben oder keine Zahlungen erhalten, ist dies völlig unbedenklich.

Belastungen, die das unterhaltsrelevante Einkommen mindern

Von dem zunächst ermittelten Gesamteinkommen eines Unterhaltspflichtigen sind eine Reihe von Beträgen abzuziehen. Denn die Unterhalt leistende Person muss ja leben können, um Einkommen zu erzielen und den Unterhalt zu erwirtschaften. Erst nach Abzug aller rechtmäßig abzugsfähigen Kosten steht der Betrag fest, der als Unterhalt verteilt werden kann.

Notwendiger Selbstbehalt

Wie viel Geld benötigt jemand, um seinen Lebensunterhalt zu bestreiten und einer Arbeit nachgehen zu können? Der sogenannte „notwendige Selbstbehalt des Erwerbstätigen" wird gegenüber minderjährigen und ihnen gleichgestellten volljährigen Kindern in Höhe von 900 Euro und gegenüber getrennt lebenden oder geschiedenen Elternteilen mit 1.000 Euro angesetzt. Der Selbstbehalt eines nicht Erwerbstätigen gegenüber den minderjährigen Kindern oder über 18jährigen Schülern beträgt sogar nur 770 Euro.

Vom Einkommen können folgende Kosten abgezogen werden:

- Steuerzahlungen
- Kosten der Alters- und Krankenvorsorge
- Aufwendungen zur Ermöglichung einer Erwerbstätigkeit (berufsbedingte Aufwendungen)
- Zahlungsverpflichtungen für Verbindlichkeiten, die vor der Geburt der Kinder oder während der Partnerschaft bzw. Ehe oder im Einvernehmen mit dem anderen Elternteil eingegangen wurden

Handy nicht absetzbar

Typische Lebenshaltungskosten wie Wohnungsmiete und Heizungskosten sind nicht zu berücksichtigen (da bereits durch den notwendigen Selbstbehalt gedeckt). Auch Dinge, die heute selbstverständlich geworden sind – Stichwort Handy – spielen keine Rolle. Ein Auto, das beruflich nicht benötigt wird, ist nicht absetzbar. Das Gleiche gilt für Versicherungen jedweder Art, soweit sie nicht der Altersvorsorge oder der Absicherung der Berufunfähigkeit dienen, sowie Darlehen, die nach der Trennung aufgenommen wurden, obwohl sie nicht notwendig waren.

Vorsorgeaufwendungen und Sozialversicherungsabgaben

Die Kosten für Kranken- und Altersvorsorge sind vom Einkommen abzuziehen. Bei abhängig Beschäftigten ergeben sich diese Abzugspositionen (Beiträge zur gesetzlichen Kranken-, Pflege-, Arbeitslosen- und Rentenversicherung) unmittelbar aus den Lohn- und Gehaltsabrechnungen.

Zusätzliche private Altersvorsorgeaufwendungen in Höhe von bis zu 4 Prozent des monatlichen Bruttoeinkommens mindern das Einkommen. Neben „Riester-Rente" und „Rürup-Rente" sind Lebensversicherungen, die der Tilgung von Darlehen für eine Immobilie (zur Altersvorsorge) dienen, zu berücksichtigen, soweit sie nicht überwiegend spekulativen Charakter haben.

Riester- und Rürup-Rente

Bei Selbständigen, die nicht freiwillig gesetzlich renten- und krankenversichert sind, sind die Aufwendungen für die private Krankenversicherung sowie Altersvorsorge-Aufwendungen (maximal 24 Prozent des Bruttoeinkommens) abzugsfähig.

Berufsbedingte Aufwendungen

Die Rechtsprechung gewährt abhängig Beschäftigten eine berufsbedingte **Kostenpauschale** von 5 Prozent des Nettoeinkommens für berufsbedingte Aufwendungen ohne Nachweis. Fährt der Beschäftigte mit dem Pkw zur Arbeit, werden die Fahrtkosten konkret ermittelt (einfache Fahrtstrecke zum Arbeitsplatz 0,30 Euro/km, ab dem 61. Kilometer 0,15 Euro/km).

Bei einer Fünf-Tage-Woche fallen durchschnittlich an 220 Arbeitstagen im Jahr Fahrtkosten an.

Mit diesem Betrag sind sämtliche Betriebs- und Anschaffungskosten für den genutzten Wagen abgegolten. Kreditraten für die Auto-Finanzierung sind daher nicht mehr gesondert zu berücksichtigen. Ein Auto hat nie Vorrang vor den Kindern. Vor allem bei beengten Einkommensverhältnissen kann von unterhaltspflichtigen Eltern verlangt werden, zur Kosteneinsparung auf öffentliche Verkehrsmittel umzusteigen (sofern dies möglich ist).

Kinder Vorrang vor Auto

Zinsen und Tilgung

Grundsätzlich sind Zahlungen auf Schulden, die ein Partner vor dem Zusammenleben oder im Einvernehmen mit dem Partner in der gemeinsamen Zeit eingegangen ist, vom Einkommen abzuziehen. Dies gilt sowohl für die Zinsen als auch für die Tilgung. Derjenige Ex-Partner, der für die Raten aufkommt, kann die entsprechenden Zahlungen an die Bank oder an einen anderen Gläubiger vom Einkommen abziehen.

Bei gemeinsamen Verbindlichkeiten sind dem Grunde nach beide Partner verpflichtet, jeweils die Hälfte der fälligen Raten zu zahlen. Ist nur einer der beiden finanziell in der Lage, für Zins und Tilgung aufzukommen, ist die gesamte Rate auf seiner Seite zu berücksichtigen.

Konsumkredite

Bei Ehegatten ist ab der Einleitung des Scheidungsverfahrens (ab Zustellung der Scheidungsantragsschrift an einen Ehepartner) zu unterscheiden zwischen Konsumkrediten und Krediten, die der Vermögensbildung dienen. Bei Konsumkrediten (zum Beispiel für Waschmaschine oder Fernseher) sind sowohl Zins- als auch Tilgungsleistungen in voller Höhe bis zur vollständigen Tilgung einkommensmindernd zu berücksichtigen. Den Konsumkrediten gleichgestellt sind Kredite, die dem Zweck dienen, das Minus auf dem Girokonto auszugleichen und hohe monatliche Zinsbelastungen zu vermeiden.

Immobilien

Anders verhält es sich bei Krediten für den Erwerb oder die Verbesserung eines Vermögensgegenstands mit stabilem Wert, insbesondere einer Immobilie. Hat nur einer der Ehepartner den Kredit aufgenommen, sind bei Ehegatten, die im Güterstand der Zugewinngemeinschaft leben, sowohl Zins- als auch Tilgungsleistungen bis zur Einleitung des gerichtlichen Scheidungsverfahren als Belastung unterhaltsrechtlich zu berücksichtigen.

Ab Einleitung des Scheidungsverfahrens sind lediglich noch die Zinszahlungen einkommensmindernd zu berücksichtigen. Die Tilgungsraten für die Entschuldung des entsprechenden Objekts stellen eine Vermögensbildung dar, die unterhaltsrechtlich nach Einleitung des Scheidungsverfahrens nicht mehr berücksichtigt wird. Diese Regelung beruht auf dem Umstand, dass ab Zustellung des Scheidungsantrags keine Zugewinngemeinschaft mehr existiert und sich die Vermögensbildung nicht mehr positiv auf den Zugewinn des Ehepartners auswirkt.

Umgangskosten

Die Kosten für den Umgang mit den Kindern sind grundsätzlich nicht abzugsfähig: Fahrtkosten und Aufwendungen für die Verpflegung der Kinder, die über das Wochenende den anderen Elternteil besuchen, vermindern das Einkommen nicht.

Selten abzugsfähig

Lediglich dann, wenn durch die Kosten der eigene notwendige Selbstbehalt gefährdet ist, können Umgangskosten bis zur Höhe des Kindergeldanteils – bei bis zu zwei Kindern derzeit 92 Euro, für das dritte Kind 95 Euro, ab dem vierten Kind 107,50 Euro – geltend gemacht werden. Eine Berücksichtigung kommt auch dann in Betracht, wenn die Umgangskosten unverhältnismäßig hoch sind, weil die Kinder in weiter Entfernung wohnen, beispielsweise wenn der betreuende Elternteil mit dem Kind ins Ausland gezogen ist.

Kinderbetreuungskosten

Soweit Kosten für den Besuch eines Kindergartens oder eines Horts entstehen, handelt es sich dabei um sogenannten Mehrbedarf des Kindes. Er muss zusätzlich zu dem sich aus der Düsseldorfer Tabelle ergebenden Barunterhalt bezahlt werden. Diese Kosten sind grundsätzlich von beiden Elternteilen anteilig nach ihren Einkommensverhältnissen zu tragen.

Boni für Alleinerziehende

Demjenigen Ex-Partner, der neben der Erwerbstätigkeit ein Kind betreut, kann ein zusätzlicher pauschaler Betreuungsbonus gewährt werden, der von seinem Einkommen vor der Ermittlung seiner Unterhaltsansprüche abgezogen wird. Dieser Bonus soll vor allem den Mehraufwand ausgleichen, den ein alleinerziehender, betreuender und erwerbstätiger

Ehegatte grundsätzlich hat. Er dient auch als Ausgleich für Fahrtkosten, die entstehen, um die Kinder zur notwendigen Betreuung zu bringen. Abgesehen davon kann er auch als Ausgleich für den Aufwand von Großeltern und Nachbarn betrachtet werden, die unentgeltlich Kinder betreuen, jedoch nicht den Unterhaltsschuldner begünstigen wollen. Der Betreuungsbonus wird anhand der Umstände, die der betreuende Elternteil schildert, geschätzt und kann bis zu 200 Euro betragen!

Boni für Erwerbstätige

Von dem Einkommen aus Erwerbstätigkeit, das nach Abzug der in diesem Kapitel dargelegten unterhaltsrelevanten Belastungen und des Kindesunterhalts verbleibt, darf jeder erwerbstätige Ehepartner einen Erwerbstätigenbonus in Abzug bringen. Dieser Bonus variiert von Bundesland zu Bundesland aufgrund unterschiedlicher Rechtsprechung der Oberlandesgerichte zwischen 10 Prozent und einem Fünftel des nach Bereinigung verbleibenden Einkommens. Von Einkünften aus Vermietung und Verpachtung sowie aus Vermögen ist ein entsprechender Abzug nicht vorzunehmen.

Auskünfte zum Einkommen

Pflicht zur korrekten Auskunft

Freundinnen, Lebensgefährtinnen und Ehepartnerinnen kennen nur selten exakt die realen Einkünfte und Belastungen des Vaters ihrer Kinder. Dies gilt umgekehrt genauso. Aus diesen Gründen hat der Gesetzgeber den Beteiligten wechselseitige Auskunftsansprüche eingeräumt. Dennoch versuchen die zum Unterhalt verpflichteten Väter oder Mütter häufig, das wahre Ausmaß ihrer Einkünfte zu verschleiern, sich arm zu rechnen und hohe Unterhaltsansprüche zu vermeiden. Gegen Tricksereien und ungenaue Angaben können Fachanwälte für Familienrecht, die sich mit dem Unterhaltsrecht auskennen, eine ganze Menge tun. Es liegt aber auch im Interesse der alleinerziehenden Mütter und Väter, während der Zeit der Unterhaltszahlungen korrekte Auskünfte zu geben. Wer es hier mit der Wahrheit nicht so genau nimmt, muss mit dem Verlust von Unterhaltszahlungen rechnen.

Jeder Beteiligte ist im Zuge einer Unterhaltsberechnung, Trennung oder Scheidung gegenüber der anderen Seite verpflichtet, auf Aufforderung in schriftlicher Form eine vollständige Auskunft über seine Einkünfte aus allen denkbaren Einkommensquellen in Form einer geordneten Aufstellung zu erteilen. Verworrene Informationen in zahlreichen Schreiben erfüllen diese Anforderung nicht. Er oder sie ist zudem verpflichtet, zu den aufgelisteten Positionen Belege zu schicken, sofern ausdrücklich auch Belege angefordert wurden. Der auskunftsberechtigte Partner kann anhand der Belege den Inhalt, die Vollständigkeit sowie die Stimmigkeit der erteilten Auskunft überprüfen.

Auflistung und Belege

EXPERTENTIPP

Fordern Sie neben einer vollständigen Auskunft über das Einkommen Ihres Ex-Partners stets Belege ein! Stellen Sie in einem ersten Schritt aus dem Gedächtnis alle Einkünfte des ehemaligen Partners zusammen und gleichen Sie sie anschließend mit dessen Aufstellung ab.

Was Belastungen aus Darlehen betrifft, so gibt es keinen Auskunftsanspruch. Denn es liegt im Interesse eines jeden Partners, die andere Seite vollständig über Verbindlichkeiten und monatliche Zins- und Tilgungsraten zu informieren. Wer es versäumt, Auskünfte über diese Belastungen zu erteilen, ist selbst schuld, wenn überhöhte Unterhaltsansprüche berechnet werden.

Anspruch auf Auskunft

Eine Auskunft zum Einkommen kann nicht jederzeit, sondern nur im Rhythmus von zwei Jahren verlangt werden. Das ermöglicht die Kontrolle, ob sich die Einkommensverhältnisse seit der letzten Auskunft verändert haben. Ein Auskunftsanspruch kann im Einzelfall aber auch früher gegeben sein, wenn es Anhaltspunkte dafür gibt, dass eine wesentliche Einkommensänderung vor Ablauf der Zwei-Jahres-Frist eingetreten ist, die unterhaltsrelevant wäre. Solche Umstände können beispielsweise ein Wechsel des Arbeitsplatzes oder eine Beförderung sein.

Grundsätzlich besteht keine Verpflichtung eines zu Unterhaltszahlungen verpflichteten Partners, eine Auskunft zu erteilen, wenn diese nicht verlangt wird. Demgegenüber sind Partner, die einen Anspruch auf Unterhalt durchsetzen konnten, während der Trennung und nach einer Scheidung verpflichtet, den unterhaltsverpflichteten Partner ohne dessen Verlangen über wesentliche Einkommensveränderungen zu informieren. Das gilt ganz besonders dann, wenn jener Partner, der Unterhaltszahlungen erhält, eine Erwerbstätigkeit aufnimmt oder seine Arbeit ausweitet und deshalb höhere Einkünfte erzielt.

Einkommensveränderungen

EXPERTENTIPP

Es ist ratsam, die Informationspflichten sehr ernst zu nehmen und zeitnah über Änderungen Ihrer Einkommensverhältnisse zu berichten. Versäumen Sie es als Unterhaltsberechtigte/r, über die Erhöhung Ihrer Einkünfte zu informieren, laufen Sie damit Gefahr, Ihren Unterhaltsanspruch ganz oder teilweise zu verwirken!

Schriftform

Eine Auskunft sollte in schriftlicher Form eingefordert werden. Denn mit einem Dokument lässt sich zu einem späteren Zeitpunkt – beispielsweise in einem Prozess – nachweisen, dass eine Auskunft zu einem bestimmten Zeitpunkt verlangt wurde. Das ist vor allem für die Durchsetzung von rückständigem Unterhalt von Bedeutung.

Wer mündlich Auskünfte fordert, sollte dies nur in Anwesenheit von Zeugen tun – etwa bei einem Treffen im Beisein des eigenen Anwalts – und anschließend darüber eine Aktennotiz verfassen. Bei schriftlicher Anforderung von Auskünften muss man sicherstellen, dass es Beweise für die Übermittlung per Bote oder Post gibt.

Unterhaltsansprüche minderjähriger Kinder

Barunterhalt

Kinder unter 18 Jahren haben einen Anspruch auf Betreuung durch die Eltern und Zahlung von „Barunterhalt" (Bargeldleistung). In der Regel erfüllt jener Elternteil, bei dem das Kind wohnt, seine Unterhaltsverpflichtung durch die Betreuung, der andere durch Geldzahlung. Sobald das Kind 18 Jahre alt wird, erlischt die Notwendigkeit der Betreuung. Dann sind beide Elternteile zur Deckung des Barunterhaltsbedarfs des Kindes verpflichtet. Geht das Kind noch zur Schule, stehen diese Ansprüche im gleichen Rang wie jene minderjähriger Kinder. Sie gehen also den Ansprüchen der Partner vor.

Erwachsene Schüler

Düsseldorfer Tabelle

Die Höhe des Anspruchs auf Barunterhalt ergibt sich aus der nach dem Entstehungsort benannten „Düsseldorfer Tabelle", die im Anhang abgedruckt ist (siehe Seite 147). Sie finden Sie auch im Internet unter

www.olg-duesseldorf.nrw.de/07service/07_ddorftab/index.php

Als maßgebliche Kriterien beinhaltet die Tabelle zum einen das bereinigte Nettoeinkommen (Ermittlung siehe Seiten 14 bis 24) des Unterhaltsverpflichteten, zum anderen das Alter des Kindes. Der Unterhaltsverpflichtete wird in eine bestimmte Einkommensgruppe eingeordnet, das Kind in eine bestimmte Altersgruppe. Hieraus ergibt sich dann der Kindesunterhaltsbetrag. Wichtig ist in diesem Zusammenhang, dass die Düsseldorfer Tabelle auf der Annahme basiert, dass der Verpflichtete Ansprüche von zwei Unterhaltsberechtigten zu befriedigen hat. Bei weniger oder mehr Unterhaltsberechtigten kann eine Höher- oder Niedrigergruppierung erfolgen.

Kindesunterhaltsbetrag

Solange das volljährige Kind noch bei einem Elternteil zu Hause wohnt, werden für die Unterhaltsermittlung die bereinigten Nettoeinkommen, d. h. die Einkommen beider Elternteile abzüglich unterhaltsrelevanter Belastungen, zusammengerechnet. Auf der Grundlage dieses Einkommens wird sodann aus der Düsseldorfer Tabelle der Kindesunterhaltsbetrag bestimmt. Die Zahlungsverpflichtung des einzelnen Elternteils bestimmt sich dann nach dem Verhältnis des zur Verfügung stehenden Einkommens, wobei vorab jeweils der gegenüber einem volljährigen Kind geltende angemessene Selbstbehalt in Höhe von 1.100 Euro abgezogen wird.

Kindergeld

Von dem ermittelten Unterhaltsbetrag ist bei minderjährigen Kindern das halbe Kindergeld in Abzug zu bringen. Für die ersten drei Kinder wird ein staatliches Kindergeld in Höhe von derzeit jeweils 184 Euro, für das dritte Kind 190 Euro, ab dem vierten Kind 215 Euro pro Monat (Stand 2010) gezahlt. Das Kindergeld steht nach dem Gesetz beiden Elternteilen jeweils zur Hälfte zu. Es wird aber nur an jenen Elternteil ausbezahlt, bei dem die Kinder wohnen. Damit der andere, zahlende Elternteil das Kindergeld ebenfalls – zur Hälfte – erhält, wird der von ihm zu zahlende Kindesunterhaltsbetrag aus der Düsseldorfer Tabelle bei minderjährigen Kindern um das halbe Kindergeld reduziert.

BEISPIEL

Kevin V. erzielt ein monatliches bereinigtes Nettoeinkommen in Höhe von 2.000 Euro. Er ist seiner Tochter Kathrin und ihrer sie betreuenden, mit Kevin verheirateten Mutter Lilly, die in Hessen leben, zum Unterhalt verpflichtet. Nach der Düsseldorfer Tabelle muss er an seine vierjährige Tochter Kathrin einen Unterhalt in Höhe von 349 Euro monatlich bezahlen. Nach Verrechnung des halben Kindergeldes in Höhe von 92 Euro ergibt sich ein monatlicher Zahlbetrag in Höhe von 257 Euro.

Für die Ermittlung des Unterhalts der alleinerziehenden Lilly, die nicht berufstätig ist, wird von dem verbleibenden Einkommen (1.743 Euro) zunächst zugunsten von Kevin ein Erwerbstätigenbonus von $^1/_7$, also der Betrag von 249 Euro, in Abzug gebracht, so dass Kevin noch ein Betrag in Höhe von 1.494 Euro verbleibt. Die Mutter hat einen Anspruch auf die Hälfte dieses Betrags, also auf 747 Euro. Da der Selbstbehalt von Kevin gegenüber seiner Ehefrau 1.000 Euro beträgt, ist der Betrag auf 743 Euro zu kürzen.

Mehr- und Sonderbedarf

Regelmäßige Kosten

Bei **Mehrbedarf** handelt es sich um Kosten, die regelmäßig während eines längeren Zeitraums anfallen, die üblichen Kosten übersteigen und deshalb von den Regelsätzen der Düsseldorfer Tabelle nicht erfasst sind. Ein Mehrbedarf erhöht den Unterhaltsanspruch des Kindes, wenn die kostenverursachende Maßnahme sachlich begründet ist oder beide Elternteile damit einverstanden sind.

Ein **Sonderbedarf** besteht, wenn unregelmäßig ein außergewöhnlich hoher Bedarf entsteht, der nicht voraussehbar und deshalb bei der Bemessung des laufenden Unterhalts nicht berücksichtigt werden konnte. Beispiel: Kosten einer Klassenfahrt. Kein Sonderbedarf sind die Kosten für Konfirmations- und Kommunionsfeiern.

Klassenfahrt und Kommunion

Ausbildung und Unterhalt

Für alleinerziehende Mütter ändert sich die finanzielle Situation, wenn das betreute Kind etwa 16 bis 18 Jahre alt wird und die Schulausbildung beendet. Nach dem Abschluss besteht die Verpflichtung, eine Ausbildung zu beginnen oder eine berufsfördernde Maßnahme zu absolvieren. Kommt ein 16- oder 17-Jähriger dieser Verpflichtung nicht nach, kann er darauf verwiesen werden, seinen Unterhalt durch Aufnahme einer Tätigkeit so weit wie möglich selbst zu erwirtschaften. Der Unterhalt des zahlungspflichtigen Elternteils reduziert sich oder entfällt – und der Alleinerziehende hat plötzlich weniger Geld in der Haushaltskasse, wenn das Kind nichts verdient.

Azubi mit 18

Sobald ein Azubi 18 Jahre alt ist, wird der Unterhaltsanspruch komplett um das Einkommen aus einer Ausbildung (abzüglich Belastungen wie Fahrtkosten) gemindert, davor nur um die Hälfte .

Zahlungspflichtiger Elternteil

Bei einem minderjährigen Kind ist jener Elternteil, der das Kind nicht betreut, zahlungspflichtig, wenn sein unterhaltsrechtlich ermitteltes Einkommen (vgl. Seiten 14 bis 24) über dem Selbstbehalt liegt. Der Selbstbehalt eines Elternteils gegenüber einem **minderjährigen Kind** beläuft sich bei einem erwerbstätigen Elternteil auf 900 Euro und auf 770 Euro bei einem nicht erwerbstätigen Elternteil.

Selbstbehalt

Gegenüber einem **volljährigen Kind** sind beide Elternteile zahlungspflichtig, unabhängig davon, wo das Kind wohnt. Besucht das Kind noch die Schule, beträgt der Selbstbehalt der Eltern 900 Euro. Ist die Schulausbildung beendet, beläuft sich der Selbstbehalt jedes Elternteils generell auf 1.100 Euro. Nur dann, wenn Vater und Mutter ein über den Selbstbehalt hinausgehendes Einkommen erzielen, kann das erwachsene Kind Unterhalt fordern.

Gesteigerte Verpflichtung

Gegenüber minderjährigen und volljährigen Kindern, die noch eine **Schulausbildung** absolvieren, besteht eine gesteigerte Verpflichtung, den Unterhaltsbedarf des Kindes zu decken. Ein Unterhaltsverpflichteter kann sich nicht aus seiner Zahlungsverpflichtung herausreden mit der Behauptung, er sei nur halbtags berufstätig und sein Einkommen übersteige den Selbstbehalt nicht. In diesem Fall besteht die Verpflichtung, alles zu tun, eine Vollzeitbeschäftigung zu finden, aus deren Entgelt nicht nur der Selbstbehalt, sondern auch der Unterhalt für das Kind finanzierbar ist.

Fiktives Einkommen

Für Arbeitslose gilt die gleiche Verpflichtung. Nur dann, wenn bei äußersten Bemühungen kein ausreichendes Einkommen erzielt werden kann, besteht keine Verpflichtung zur Zahlung von Unterhalt. Übrigens genügt es nicht, zu behaupten, man sei bemüht. Vielmehr fordern die Gerichte vom Unterhaltsverpflichteten **Belege** (Bewerbungen, Vorstellungstermine, Notizen über telefonische Kontakte zu Arbeitgebern). Wer nichts tut oder keine Nachweise beibringt, muss mit unangenehmen Berechnungen eines „fiktiven Einkommens" rechnen, die ganz reale Folgen (Zahlungsverpflichtungen) haben können. Das Gericht geht einfach davon aus, dass der Vater oder die Mutter ein höheres Einkommen erzielt und entsprechend Unterhalt zu zahlen hat.

Mangel an Einkommen für Unterhaltszahlungen

Reicht das Einkommen bereits auf der ersten Rangstufe nicht aus, um den Unterhalt aller Kinder in voller Höhe zu befriedigen, sind die Unterhaltsansprüche zunächst dadurch zu kürzen, dass so lange eine Herabstufung bei den in der Unterhaltstabelle ausgewiesenen Gehaltsstufen vorgenommen wird, bis eine Befriedigung der Ansprüche erreicht werden kann (sogenannter **Mangelfall**). Das bedeutet in vielen Fällen:

Die Unterhaltszahlungen für das Kind reduzieren sich, die alleinerziehende Mutter muss ohne Unterhalt auskommen.

Ist ein Unterhaltsverpflichteter so überschuldet, dass eine Zahlung von Unterhalt faktisch auf Dauer unmöglich ist, kann er eine eidesstattliche Versicherung abgeben, oft auch als Offenbarungseid bezeichnet, und in die Privatinsolvenz (mit Restschuldbefreiung nach sechs Jahren) gehen. Für eine alleinerziehende Person kann das eine positive Maßnahme sein. Denn im Rahmen des Insolvenzverfahrens sind besondere vorrangige Pfändungsfreigrenzen für Unterhaltslasten vor anderen Zahlungsverpflichtungen vorgesehen, so dass sich die Leistungsfähigkeit zugunsten der unterhaltsberechtigten Personen erheblich erhöhen kann. Unterhaltsberechtigte erhalten vor Banken und anderen Gläubigern Zahlungen.

Privatinsolvenz

Genügen auch Bereinigungen durch Privatinsolvenz nicht, sind die Unterhaltsansprüche im gleichen Verhältnis zu kürzen, damit sie auch gleichmäßig befriedigt werden (sogenannte Mangelfallberechnung). Die nachrangigen Unterhaltsgläubiger – häufig die alleinerziehenden Mütter – schauen in einem solchen Fall in die Röhre.

Mangelfallberechnung

Unterhaltsvorschuss

Alleinerziehende Elternteile können Unterhaltsvorschuss in Höhe des Grundbedarfs des Kindes beim örtlichen Jugendamt in Anspruch nehmen. Diese Möglichkeit besteht nur, solange Unterhaltsansprüche gegenüber dem anderen Elternteil nicht durchgesetzt werden können, bis zum zwölften Lebensjahr des Kindes und maximal für eine Gesamtdauer von 72 Monaten (sechs Jahren).

Der Anspruch hat folgende **Voraussetzungen**: Ein Kind lebt bei einem Elternteil, der ledig, verwitwet oder geschieden ist oder von seinem Ehegatten dauernd getrennt lebt. Das Kind erhält nicht, nicht regelmäßig oder nicht mindestens in Höhe des Grundbedarfs Unterhalt von dem anderen Elternteil. Unterhaltsvorschuss wird nur dann gewährt, wenn der alleinerziehende Elternteil alles tut, um eine eventuell noch nicht

Grundbedarf

gegebene Feststellung der Vaterschaft zu bewirken oder den Aufenthaltsort des anderen Elternteils aufzuklären. Die Mitwirkungspflicht dient dem Zweck, dass der Leistungsträger – das Jugendamt – seine Forderungen gegenüber dem unterhaltsverpflichteten Elternteil geltend machen kann.

Die **Höhe des Unterhaltsvorschusses** ergibt sich aus der Differenz zwischen dem Kindergeld, das der alleinerziehende Elternteil erhält und dem Mindestbetrag (100 Prozent) der Düsseldorfer Tabelle (nach der ersten oder zweiten Altersgruppe).

Reduktion

Unterhaltsbeträge des anderen Elternteils oder etwaige Waisenrenten des Kindes reduzieren den Unterhaltsvorschuss.

Soweit Unterhaltsvorschuss gewährt wird, gehen die ursprünglich bestehenden Unterhaltsansprüche gegen den unterhaltspflichtigen Elternteil auf das Jugendamt (Unterhaltsvorschusskasse) über. Unabhängig davon kann ein alleinerziehender Elternteil künftige Unterhaltsansprüche für das Kind auch weiterhin gerichtlich gegenüber dem anderen Elternteil geltend machen.

Unterhalt eines alleinerziehenden verheirateten oder geschiedenen Elternteils

Zu unterscheiden sind die Unterhaltsansprüche eines getrennt ebenden Ehegatten, eines geschiedenen Ehegatten sowie eines Elternteils, der ein gemeinsames Kind betreut, ohne zuvor verheiratet gewesen zu sein.

Unterhalt während der Trennungsphase

Eheliche Verhältnisse

Sobald Ehepartner getrennt leben, haben sie wechselseitig einen Anspruch auf Unterhaltszahlung „nach den ehelichen Verhältnissen“. Es spielt keine Rolle, ob sie weiterhin unter einem Dach leben oder nicht: Ab Beginn der Trennungszeit steht das verfügbare Gesamteinkommen beider Partner (nach Abzug unterhaltsrelevanter Belastungen, Kindesunterhalt und Erwerbstätigenbonus) den Getrennten zu gleichen Teilen zur Verfügung. Allerdings ist der notwendige Selbstbehalt zu wahren.

Der Trennungsunterhaltsanspruch kann in der Zeit von dem Tag der Trennung bis zur Rechtskraft der Scheidung bestehen. Die „tatsächliche Trennung" wird räumlich und persönlich vollzogen. Trennung im rechtlichen Sinne bedeutet die Trennung von Tisch und Bett. Im Interesse gemeinsamer Kinder kann jedoch noch etwas zusammen unternommen werden, wenn sich die Ehepartner im Übrigen auf sachliche Kontakte beschränken.

Höhe des Trennungsunterhalts

Die Höhe des Trennungsunterhalts errechnet sich so: Zunächst muss die Differenz der unterhaltsrelevanten Einkünfte beider Partner ermittelt werden. Von diesen Einkünften ist die Kindesunterhaltsverpflichtung in Abzug zu bringen. Dann muss noch der Erwerbstätigenbonus abgezogen werden, der je nach zuständigem Gerichtsbezirk $^{1}/_{10}$ bis $^{1}/_{7}$ beträgt. Der Ehepartner, der mehr verdient, hat dann dem Partner, der weniger Einkommen hat, die Hälfte der Differenz als Unterhalt zu bezahlen. Konsequenz: Beide haben zum Leben nahezu gleich viel Geld zur Verfügung.

BEISPIEL

Vertriebsleiter Martin M. trennt sich von seiner Frau, Linda M., indem er aus dem gemeinsamen Haus auszieht. Sein Nettoeinkommen beläuft sich nach Abzug des Unterhalts für das gemeinsame Kind, diverser Belastungen sowie des Erwerbstätigenbonus auf 2.200 Euro. Der nunmehr alleinerziehenden Linda, Buchhalterin einer Autoniederlassung, verbleibt nach Abzug unterhaltsrelevanter Belastungen und des Erwerbstätigenbonus ein Einkommen in Höhe von 1.000 Euro. Die Differenz der beiden Beträge – 1.200 Euro – wird geteilt. Der Unterhaltsanspruch von Linda beträgt für die Trennungszeit 600 Euro.

In der Regel besteht das Interesse des wirtschaftlich stärkeren Partners darin, die Trennungszeit möglichst rasch durch Scheidung zu beenden, um in den Genuss der neugefassten Regelungen für den nachehelichen Unterhalt zu kommen. Umgekehrt liegt es im Interesse des schwächeren Partners, die

Trennungszeit so lange wie möglich hinauszuzögern, um den Trennungsunterhalt aufrechtzuerhalten, bei dem tendenziell leichter höhere Ansprüche (Einkommensausgleich) durchgesetzt werden können als nach der Scheidung.

Unterhalt nach der Scheidung

Voraussetzungen

Unterhaltsansprüche von Alleinerziehenden (Ehegattenunterhalt) sind an eine der folgenden Voraussetzungen geknüpft:

- Betreuung gemeinsamer Kinder unter 3 Jahren („Betreuungsunterhalt"). Danach, soweit wegen der Kinderbetreuung keine Vollzeiterwerbstätigkeit ausgeübt werden kann.
- Ein Partner ist aufgrund der Ehe wirtschaftlich noch so mit dem anderen Partner und dem bislang gelebten Lebensstandard verflochten, dass er noch einige Zeit benötigt, seinen Lebensstandard auf ein Maß zu reduzieren, das er aus eigenem Einkommen bestreiten kann. Danach besteht weiter ein Unterhaltsanspruch im Sinne eines Nachteilsausgleichs, wenn der Partner nicht in der Lage ist, nach der Scheidung in seinem Beruf so viel zu verdienen, wie dies ohne Ehe möglich gewesen wäre („Aufstockungsunterhalt").
- Ein früherer Ehepartner ist oder wird erwerbslos (Unterhalt wegen Erwerbslosigkeit) oder absolviert eine Ausbildung.
- Ein Ehegatte ist krank oder wegen eines Gebrechens bedürftig.
- Nach langer Dauer der Ehe, in der die Frau (oder der Mann) vereinbarungsgemäß die Haushaltsführung und Kindererziehung (ohne Berufstätigkeit) erledigt hat, kann ein Anspruch auf Ehegattenunterhalt bestehen, wenn sich daraus das Vertrauen begründet, keine Erwerbstätigkeit mehr aufnehmen zu müssen.
- Unterhalt wegen des hohen Alters eines Ehepartners.

Nur dann, wenn eine dieser Voraussetzungen gegeben ist, besteht in der Regel die Möglichkeit, Anspruch auf Ehegattenunterhalt geltend zu machen.

Die Voraussetzungen eines Unterhaltsanspruchs müssen vorliegen

- bei Scheidung oder
- wenn die Betreuung gemeinschaftlicher Kinder entfällt, soweit dieser Zeitpunkt nach der Scheidung liegt, oder
- bei einem Anspruch auf Aufstockungsunterhalt, wenn ein Unterhaltsanspruch wegen Krankheit oder Gebrechen oder Erwerbslosigkeit nach der Scheidung entfällt.

Komponenten des Unterhalts

Der Unterhaltsanspruch eines Ehepartners oder einer Ehepartnerin setzt sich nach der Scheidung aus folgenden drei Komponenten zusammen:

Geld zum Leben

Barunterhalt: Dieser Unterhaltsbestandteil dient der Finanzierung des laufenden Lebensunterhalts (Miete, Lebensmittel, Kleidung, persönlicher Bedarf).

Krankenvorsorgeunterhalt: Die Krankenversicherung des unterhaltsberechtigten früheren Ehepartners muss gewährleistet werden. Besteht keine gesetzliche Krankenversicherung im Rahmen eines versicherungspflichtigen Arbeitsverhältnisses, sind etwaige private Krankenversicherungskosten gesondert als Unterhalt zu zahlen.

Anspruch auf Altersvorsorge

Altersvorsorgeunterhalt: Bis zur Einleitung des Scheidungsverfahrens – genauer: Zustellung der Scheidungsantragsschrift – werden während der Ehe erworbene Rentenrechte (Anwartschaften) im Rahmen der Durchführung des **Versorgungsausgleichs** auf beide Ehegatten in gleicher Höhe verteilt. Danach kann auch ein Anspruch auf Zahlung von Unterhaltsbeträgen bestehen, die dem Ex-Partner eine angemessene Altersvorsorge ermöglichen. Barunterhaltszahlungen sollen ja ausschließlich der Finanzierung des laufenden Lebensunterhalts dienen. Würde der Unterhaltsberechtigte ein entsprechendes Nettoeinkommen aus eigener Erwerbstätigkeit im Rahmen einer versicherungspflichtigen Tätigkeit erzielen, würden aus seinem Bruttoeinkommen vorab Rentenversicherungsbeiträge abgeführt. Erhält er nur Barunterhalt, erwirbt er keine Rentenansprüche bezogen auf diesen Betrag. Der Altersvorsorgeunterhaltsanspruch soll die dadurch entstehende Versorgungslücke im Rahmen der Unterhaltszahlung schließen. Die Ermittlung dieses Anspruchs ist schwierig.

Das Prinzip der Eigenverantwortung

Eheliche Solidarität

Grundsätzlich ist auch die alleinerziehende Mutter verpflichtet, nach der Scheidung selbst für ihren Unterhalt zu sorgen. Außerdem besteht der Grundsatz, dass dann, wenn einem Ehegatten diese Selbstverantwortung nicht möglich oder nicht zumutbar ist, die eheliche Solidarität fortwirkt. Die Absicht des Gesetzgebers war es, ehebedingte Nachteile – zum Beispiel durch Haushaltsführung und Kinderbetreuung – auszugleichen.

BEISPIEL

Die Mathematiklehrerin Heidrun K. und ihr Mann, der Deutsch- und Englisch-Lehrer Markus H., haben bei der Trennung zwei Söhne im Alter von 14 und 16 Jahren. Seit der Geburt der Kinder arbeitet Heidrun in Teilzeit, ihr Mann in Vollzeit. Mathematiklehrer sind gesucht wie die Stecknadel im Heuhaufen, die Kinder haben bereits ein Alter erreicht, in dem der Betreuungsaufwand deutlich reduziert ist. Heidrun hat keine Möglichkeit, auf Dauer einen Anspruch auf Ehegattenunterhalt durchzusetzen, da sie wieder in Vollzeit Mathematik unterrichten kann. Sie verliert nach einer kurzen Übergangszeit den Anspruch auf Ehegattenunterhalt.

Fiktives Einkommen

Es kann aber aufgrund der Ausbildung oder der Dauer, in der man während der Ehe keinem Beruf nachgegangen ist, schwierig sein, einen Wiedereinstieg zu finden. Der geschiedene, bedürftige, alleinerziehende Ehegatte ist dann grundsätzlich verpflichtet, auch eine einfachere Tätigkeit aufzunehmen, die nicht seiner Ausbildung entspricht, um irgendein Einkommen zu erzielen. Nimmt der geschiedene Ehepartner keine entsprechende Tätigkeit auf, obwohl es möglich wäre, wird er fiktiv so behandelt, als wäre er erwerbstätig. Ihm wird ein fiktives Einkommen zugerechnet, über das er tatsächlich nicht verfügt. Die Folge: Der Unterhaltsanspruch reduziert sich oder entfällt sogar komplett.

Unterhalt wegen der Betreuung von Kindern

Wenn ein Ehepartner – in der Regel die Mutter – nach der Trennung oder einer Scheidung die Kinder betreut, kann er einen Unterhaltsanspruch gegenüber dem geschiedenen Partner geltend machen.

Eine Betreuung ist nicht gegeben, wenn das Kind nicht bei einem Elternteil lebt, sondern dauerhaft auswärtig, zum Beispiel in einem Internat oder bei Großeltern untergebracht ist. Des Weiteren besteht ein Unterhaltsanspruch nur dann, wenn der betreuende Elternteil wegen der Kinderbetreuung an einer Erwerbstätigkeit gehindert ist, mit der er andernfalls seinen Unterhaltsbedarf selbst erwirtschaften könnte.

Jüngstes Kind 3 Jahre alt

Der Anspruch auf Unterhalt wegen Betreuung eines gemeinsamen Kindes besteht uneingeschränkt nur bis zum dritten Geburtstag des jüngsten gemeinsamen Kindes. Bis zu diesem Zeitpunkt ist der betreuende Elternteil nicht verpflichtet, eine Erwerbstätigkeit aufzunehmen, um seinen Unterhalt zu erwirtschaften. Der Unterhalt kann in dieser Zeit nicht gekürzt oder befristet werden. Der Unterhaltsanspruch ist in diesem Zeitraum auf jeden Fall bei getrennten und geschiedenen Elternteilen nach den „ehelichen Lebensverhältnissen" zu bemessen.

Billig, passend, angemessen

Ein Unterhaltsanspruch über das dritte Lebensjahr hinaus ist nur dann gegeben, wenn dies der sogenannten „Billigkeit" entspricht. „Billig" heißt in diesem Zusammenhang nicht so viel wie „preisgünstig", sondern „passend" oder „angemessen". Das Gesetz gibt Billigkeitsgründe vor. Dem betreuenden Ex-Partner ist kein übergangsloser, abrupter Wechsel in eine Ganztagstätigkeit zuzumuten. Es soll auch weiterhin ein gestaffelter Übergang in das Berufsleben erfolgen. Vor allem „kindbezogene Belange" können der Aufnahme oder Ausweitung einer Erwerbstätigkeit des betreuenden Elternteils entgegenstehen. Hier ist zu prüfen, ob das Kind tagsüber eine weitere persönliche Betreuung durch die Mutter oder den Vater während einer möglichen Arbeitszeit benötigt (etwa wegen Reifeverzögerung oder Behinderung).

Die Rechtsprechung geht heute davon aus, dass die meisten Betreuungsleistungen nicht zwingend von einem Elternteil erbracht werden müssen. Vielmehr werden öffentliche Betreuungsangebote – Kindergarten, Hort – als gleichwertig zur persönlichen Betreuung durch einen Elternteil angesehen.

Der übliche Kindergarten- oder Schulbesuch ermöglicht in der Regel bereits eine Teilzeittätigkeit, die den Unterhaltsanspruch des betreuenden Elternteils mindert. Ist eine persönliche Betreuung auch am Nachmittag nicht mehr unbedingt erforderlich, ist es dem betreuenden Elternteil zuzumuten,

Kindergarten, Hort und Oma

dass er Angebote wie Kindergarten, Hort oder „Oma“ in Anspruch nimmt, um einer eigenen vollzeitigen Erwerbstätigkeit nachgehen zu können. Diese Betreuungsmöglichkeiten müssen aber verlässlich und finanzierbar sein. Eine Großmutter, die gerne Kinder betreut, aber wegen Krankheit immer wieder ausfällt, mag finanzierbar sein, ist aber nicht ausreichend verlässlich.

Nicht zumutbar

Der betreuende Elternteil – egal, ob Vater oder Mutter – muss nicht jedes Betreuungsangebot annehmen, zumal sich auf dem Markt „Tagesmütter und Kinderbetreuung“ Anbieter ohne jegliche berufliche Qualifikation tummeln. Auch ein Kindergarten oder Hort weitab vom Wohnort und der Arbeitsstelle ist nicht zumutbar.

Kinderbetreuung

Die Frage, ob der unterhaltspflichtige Elternteil verlangen kann, dass er das Kind betreut, damit der berechtigte Elternteil arbeiten gehen kann, wird einhellig abgelehnt. Gleiches gilt für das Angebot, dass Verwandte des Unterhaltsverpflichteten die Betreuung der Kinder übernehmen. Die in Fachkreisen klare Ablehnung solcher Ansinnen erklärt sich so: Eine einmal erzielte Lösung der Unterhalts- und Betreuungsfrage soll nicht durch zusätzliche Auseinandersetzungen über die Qualifikation von Betreuungspersonen, die im „anderen Lager“ stehen, in Frage gestellt werden. Allerdings kommt es auch hier auf die Besonderheiten des Einzelfalls an. Haben die Schwiegereltern des betreuenden Elternteils die Kinder bereits in der Vergangenheit betreut, kann es durchaus zumutbar sein, diese Möglichkeit weiter in Anspruch zu nehmen. Hier sind die Umstände des Einzelfalls, insbesondere die Umstände der Trennung und das Verhältnis der Beteiligten unter Berücksichtigung der Belange des Kindes zu prüfen. Wenn die betreuende Mutter und die Kinder sich mit den Schwiegereltern auch nach der Scheidung gut verstehen, ist es durchaus zumutbar, dass die Kinder mit Oma und Opa den Nachmittag verbringen.

Neben den Interessen der Kinder können auch Absprachen über die Kinderbetreuung und zur Erwerbstätigkeit während des Zusammenlebens der Partner die Verlängerung des Betreuungsunterhaltsanspruchs über das dritte Lebensjahr des Kindes hinaus begründen. Hatten die Partner während des Zusammenlebens ein einvernehmliches Betreuungskonzept – Mutter oder Vater unterbricht die Berufstätigkeit dauerhaft oder auf Zeit, um die Kinder zu betreuen –, ist diese Arbeitsteilung mit der Scheidung nicht gleich Makulatur. Vielmehr kann diese Vereinbarung das neue Prinzip der Eigenverantwortung zurückdrängen.

Eheliches Betreuungskonzept

Das Vertrauen des betreuenden Partners, dass die Absprache hinsichtlich der Kindesbetreuung auch nach der Trennung Gültigkeit besitzt und der Unterhalt durch den arbeitenden Partner gesichert ist, kann dann auch über das Ende der Partnerschaft hinaus geschützt sein. Die Konsequenz: Eine Verpflichtung zur Aufnahme einer Vollzeittätigkeit besteht erst deutlich später, wenn die Kinderbetreuung nach der ursprünglichen Absprache der Eltern länger erfolgen sollte als im Gesetz vorgesehen. Das muss der unterhaltsberechtigte Elternteil aber beweisen können. Für alleinerziehende Mütter und Väter ist dies oft schwer oder überhaupt nicht zu beweisen. Vor Gericht stehen häufig Aussagen gegen Aussagen, und zu den Absprachen von Ehepartnern während der Ehe gibt es so gut wie nie Zeugen.

Gültigkeit der Absprache

Doppelbelastung

Durch Erwerbstätigkeit und Betreuung von Kindern (von der Geburt bis zur Volljährigkeit) entsteht eine Doppelbelastung, die nicht durch die Berücksichtigung der Betreuungskosten ausgeglichen wird. Zugunsten der betreuenden Mütter oder Väter kann neben den vom eigenen Einkommen abzugsfähigen Kosten auch ein pauschaler Betrag, der sogenannte Betreuungsbonus, für den generell vorhandenen, aber finanziell nicht messbaren Mehraufwand vom Nettoeinkommen abgezogen werden.

Betreuungsbonus

Der Betreuungsbonus richtet sich nicht nach generellen Pauschalen, sondern nach den konkreten Umständen des Einzelfalls. Es ist nun erforderlich, dass der berufstätige Elternteil, der die Kinder betreut, im Streitfall ausführt, warum neben den konkreten Betreuungskosten auch ein Betreuungsbonus anzusetzen ist. Er muss die näheren Umstände der Doppelbelastung vortragen. Indizien können Alter und Anzahl der Kinder sowie deren spezielle Betreuungsbedürftigkeit (Fahrten zum Arzt, Aufenthalte in Mutter-Kind-Einrichtungen, sportliche Förderung und Fahrten zu Lehrgängen) sein. In der Regel lassen sich hier Beträge in der Höhe von 200 Euro in Ansatz bringen .

Die Entwicklung des nachehelichen Unterhaltsanspruchs

Nach der Scheidung wird dem alleinerziehenden Elternteil eine Übergangszeit gewährt, in der er seine monatlichen Ausgaben an ein Einkommensniveau anpassen kann, das bestehen würde, wenn er die Ehe nie geschlossen und die Erwerbstätigkeit nicht wegen der Kinder eingeschränkt hätte. Hier kommt der Umzug in eine andere Mietwohnung und die Einschränkung des Konsumverhaltens in Betracht. In der Rechtsprechung besteht die Tendenz, zwei bis fünf Jahre als ausreichende Übergangszeit anzusetzen.

Angemessener Bedarf

Nach der Übergangszeit ist der Unterhalt auf den „angemessenen Bedarf" herabzusetzen: Eine wirtschaftliche Entflechtung zwischen den Ehegatten ist aufgrund der Dauer der Trennung vollständig erfolgt. Der angemessene Bedarf entspricht dem Einkommen, das der Unterhaltsberechtigte erzielen könnte, wenn er die Ehe nicht geschlossen hätte. Es wird nur noch so weit Unterhalt gewährt, dass finanzielle oder berufliche Nachteile ausgeglichen werden, die in der Ehe (reduzierte Berufstätigkeit wegen der Kinder) ihre Ursache haben („**Nachteilsausgleich**").

Gibt es keine Nachteile, weil beide Partner sich trotz Ehe beruflich uneingeschränkt weiterentwickeln konnten und keine finanziellen Einbußen hinzunehmen hatten, besteht kein Unterhaltsanspruch mehr, weil keine Nachteile auszugleichen sind.

Auch der Unterhaltsanspruch wegen des angemessenen Lebensbedarfs kann von vornherein zeitlich befristet werden oder zu einem späteren Zeitpunkt auf Verlangen gestrichen werden. Dann entfällt ein Unterhaltsanspruch vollständig. Eine feste Zeitgrenze für diese Übergangszeit lässt sich nicht nennen. Auch hier ist ein Zeitraum von fünf Jahren realistisch. Nur in Ausnahmefällen dürfte die Dauer länger sein. Das ist vor allen Dingen dann der Fall, wenn die Ehe sehr lange gedauert hat und der Alleinerziehende aufgrund dessen praktisch keine Möglichkeit mehr hat, seinen Unterhalt durch Arbeit selbst zu erwirtschaften.

Übergangszeit

Unterhaltsansprüche nicht verheirateter Eltern

Eine alleinerziehende Person, deren Kind nicht aus einer Ehe hervorgegangen ist, hat den gleichen Anspruch auf Unterhalt wie ein betreuender Elternteil, der verheiratet oder geschieden ist. Im Wesentlichen entsprechen die Unterhaltsansprüche des unverheirateten Elternteils in der Dauer den Ansprüchen eines geschiedenen Ehepartners. Ein Unterhaltsanspruch besteht, soweit eine Erwerbstätigkeit wegen der Betreuung eines gemeinsamen Kindes nicht oder nicht vollständig verlangt werden kann. Allerdings kann aus keinem anderen Tatbestand, der für Verheiratete oder Geschiedene gilt – auch nicht aus Arbeitslosigkeit, Absprachen oder Armut –, ein Unterhaltsanspruch

Kinderbetreuung

abgeleitet werden. Lediglich die Betreuung mindestens eines Kindes führt zu zeitlich begrenzten Unterhaltsansprüchen. Der Unterhaltsanspruch beginnt sechs Wochen vor der Geburt des Kindes. Bis zum Geburtstag, an dem das Kind 3 Jahre alt wird, kann von jenem Elternteil, der das Kind betreut, grundsätzlich keine Erwerbstätigkeit erwartet werden.

Finanzielle Verhältnisse vor Geburt

Die Höhe des Unterhaltsanspruchs eines alleinerziehenden, nicht verheirateten Elternteils ergibt sich, anders als bei verheirateten Eltern, aus den finanziellen Verhältnissen vor der Geburt. Es ist also festzustellen, welches Einkommen der Alleinerziehende vor der Geburt hatte und erzielen würde, wenn kein Kind geboren worden wäre. Das wesentliche Indiz hierfür sind die Einkommensverhältnisse vor der Schwangerschaft oder Geburt. Ungünstige Faktoren – zum Beispiel eine vorübergehende Einkommensminderung vor der Geburt beispielsweise wegen kurzzeitiger Arbeitslosigkeit oder einer Fortbildungsmaßnahme – sind in diesem Zusammenhang nicht zu berücksichtigen.

Pauschaler Unterhaltsbedarf

Wer vor Schwangerschaft und Geburt nicht erwerbstätig war oder nur sehr wenig verdient hat, kann nach der Rechtsprechung von einem pauschalen Unterhaltsbedarf in Höhe von derzeit 770 Euro ausgehen. Es bleibt abzuwarten, ob die Rechtsprechung an diesen Beträgen festhält. Aufgrund der Gleichstellung unverheirateter Väter und Mütter mit geschiedenen Ehepartnern kann es sein, dass in Zukunft auch bei dem nichtehelichen Elternteil der sogenannte „Mindestbedarf nach den Unterhaltsgrundsätzen“ angewendet wird, der in der Regel mit 1.000 Euro in Ansatz gebracht wird.

Darüber hinaus besteht auch ein Anspruch des betreuenden Elternteils auf Zahlung der Kosten für Kranken- und Pflegeversicherung. Anders als bei geschiedenen Ehegatten besteht aber kein Anspruch auf Altersvorsorgeunterhalt. Wer als lediger Vater verpflichtet ist, Unterhalt an die Mutter des gemeinsamen Kindes zu zahlen, hat auch einen Selbstbehaltsanspruch in Höhe von 1.000 Euro. Wem monatlich netto nach Abzug des Kindesunterhalts nicht mehr als 1.000 Euro verbleiben, muss keinen Unterhalt an den anderen Elternteil zahlen.

Selbstbehalt minimiert Unterhalt

Halbteilungsgrundsatz

Begrenzt ist die Höhe des Unterhaltsanspruchs durch den sogenannten Halbteilungsgrundsatz. Der Unterhaltsanspruch darf nicht höher sein, als die Hälfte des bereinigten Nettoeinkommens, das der Unterhaltsverpflichtete erzielt. Hat die alleinerziehende Person vor der Geburt ein sehr hohes Einkommen erzielt, erhält sie als Unterhalt höchstens die Hälfte des verfügbaren Einkommens, das der Unterhaltsverpflichtete erzielt.

Unterhaltskonkurrenz

Zwei betreuende Elternteile

Seit der Unterhaltsreform sind nunmehr Elternteile, die wegen der Betreuung eines Kindes unterhaltsberechtigt sind oder im Falle einer Scheidung Unterhaltsansprüche hätten, sowie Ehepartnerinnen oder Ehepartner nach einer langen Ehedauer gleichberechtigt. Aufgrund dieser Regelung sind insbesondere die Unterhaltsansprüche einer nichtehelichen Mutter oder einer zweiten Ehefrau erheblich gestärkt worden. Die erste Ehefrau hat nur noch einen Unterhaltsanspruch, wenn sie aufgrund der Kindesbetreuung oder aufgrund der langen Dauer der Ehe keiner Erwerbstätigkeit nachgehen kann, ansonsten nicht. Was ist eine lange Dauer der Ehe? Das wird von den Gerichten geklärt werden, man kann derzeit von rund 20 Jahren ausgehen.

Drittellösung

Beim „Gleichrang der Unterhaltsansprüche" der langjährigen Ex-Partnerin und der neuen Partnerin bzw. bei zwei unterhaltsberechtigten Partnern, die noch minderjährige Kinder betreuen müssen, errechnet sich der Unterhaltsanspruch nach der sogenannten „Drittellösung". Demnach soll jeder an der Verteilung der zur Verfügung stehenden Einkünfte gleichmäßig teilhaben. Sowohl dem Unterhaltsverpflichteten als auch den Unterhaltsberechtigten soll gleich viel Geld für ihren Unterhaltsbedarf zur Verfügung stehen.

Wer ist nun unterhaltsverpflichtet, wenn eine geschiedene Ehefrau mit ehelichen Kindern ein weiteres Kind aus einer neuen Beziehung mit einem Partner bekommt, mit dem sie nicht verheiratet ist? In einer solchen „Patchwork-Familie" kann eine „**Unterhaltskonkurrenz**" entstehen. Zwei rechtmäßige Unterhaltsansprüche bestehen gegenüber dem Ex-Ehemann sowie dem Vater des jüngsten Kindes. In diesen Fällen ist zu prüfen, in welchem Verhältnis die beiden Unterhaltsschuldner aufgrund ihrer Einkünfte und Belastungen leistungsfähig sind. Unter Umständen kommt eine quotenmäßige Haftung der beiden Väter für den Unterhaltsanspruch in Frage. Ist nur einer der beiden Väter nach Abzug des Selbstbehalts und des Kindesunterhalts noch in der Lage, den Unterhalt für die Mutter zu finanzieren, wird er allein als Unterhaltsschuldner herangezogen.

Zwei unterhaltsverpflichtete Partner

Die Mutter wird gegenüber dem ersten Partner im Hinblick auf ihre Erwerbsfähigkeit so behandelt, als ob das weitere Kind nicht vorhanden wäre. Wäre sie also ohne das Kind in der Lage zu arbeiten und ist sie wegen des Kindes daran gehindert, wird ihr ein fiktives Einkommen zugerechnet.

Grob unbillige Unterhaltsansprüche

Aus mehreren Gründen kann ein Unterhaltsanspruch versagt oder beschränkt werden. Eine solche Versagung oder Beschränkung soll dann erfolgen, wenn ein Unterhaltsanspruch „grob unbillig" erscheint.

Bei einer **Ehe von „kurzer Dauer"** – eine Definition, die Ehen mit einer Dauer von nur wenigen Monaten, aber auch von zehn oder mehr Jahren umfassen kann – erwirbt ein Partner keinen Unterhaltsanspruch.

Neue Beziehung

Der Unterhaltsanspruch fällt auf jeden Fall weg, wenn und sobald eine unterhaltsberechtigte Person wieder geheiratet hat. Da immer mehr Menschen in Lebensgemeinschaften leben, ohne zu heiraten, hat die Rechtsprechung bereits vor einiger Zeit entschieden, dass auch dann eine Versagung oder Beschränkung möglich sein soll, wenn der Berechtigte in einer verfestigten Lebensgemeinschaft lebt und die neuen Partner auch wirtschaftlich füreinander einstehen wie Ehegatten. In der Regel ist eine Dauer des Zusammenlebens von zwei Jahren hierfür notwendig.

Verbrechen oder Vergehen

Wenn sich ein alleinerziehender Elternteil eines Verbrechens oder eines schweren vorsätzlichen Vergehens gegen den Unterhaltsverpflichteten oder einen nahen Angehörigen schuldig gemacht hat, kann der Unterhalt beschränkt oder versagt werden. Betrügerisches Verhalten im Unterhaltsprozess ist das wichtigste Beispiel dafür. Wer vorsätzlich eigene Einkünfte verschweigt, handelt betrügerisch und kann aus diesem Grund den Unterhaltsanspruch verlieren.

Mutwilligkeit

Ein typischer Fall ist der Verlust des Arbeitsplatzes durch Alkoholismus, eine Krankheit. Ein Alleinerziehender, der weiß, dass er alkohol- oder drogenabhängig ist, jedoch die dringend notwendige Therapie verweigert und deshalb dann den Arbeitsplatz verliert, führt die Bedürftigkeit mutwillig herbei, denn er hätte mit einer Therapie die Chance gehabt, die Arbeitsfähigkeit und den Arbeitsplatz zu erhalten. Auch hier kann es zu einem Verlust des Unterhaltsanspruchs kommen.

Rufschädigung

Ein alleinerziehender Elternteil mindert oder gefährdet durch sein Verhalten die Einkünfte des anderen Elternteils, beispielsweise durch Rufschädigung, mit der Folge, dass ein Arbeitsplatz – die wirtschaftliche Basis für Unterhaltszahlungen – verloren geht.

Ein Ehepartner versäuft und verspielt sein Arbeitseinkommen während der Ehe, statt mit dem Geld zum Unterhalt seiner Familie beizutragen. Nach der Scheidung kann dieser Partner im Falle der Bedürftigkeit von seinem Ex-Partner keine Solidarität und damit keinen Unterhalt verlangen.

Anderweitige Beziehungen

Vor allem anderweitige Beziehungen während der Ehe können dazu führen, dass ein mittelloser Ehepartner den Unterhaltsanspruch verlieren kann.

Absicherung und Durchsetzung von Unterhaltsansprüchen

Ein rechtmäßiger Unterhaltsanspruch führt nicht automatisch zu den entsprechenden monatlichen Zahlungen. Ein Unterhaltsschuldner kann sich weigern, einen Dauerauftrag einzu-

Voll-streckbare Urkunde

richten, oder ohne Ankündigung die Überweisungen einstellen. Eine „vollstreckbare Urkunde" erhöht die Zahlungsmoral. Denn mit ihrer Hilfe kann das Arbeitseinkommen oder das Kontoguthaben des Unterhaltspflichtigen gepfändet oder der Gerichtsvollzieher ins Haus geschickt werden.

Solange ein früherer Partner freiwillig und regelmäßig den geschuldeten Unterhalt zahlt, braucht sich die unterhaltsberechtigte Seite keine großen Sorgen zu machen. Allerdings sind keineswegs alle Unterhaltsschuldner zu jeder Zeit einsichtige, vorausschauende und finanzkräftige Bürger. Immer wieder kommt es vor, dass Unterhaltszahlungen für Kinder oder ehemalige Ehepartner nicht rechtzeitig da ankommen, wo sie benötigt werden.

Wer auf Nummer sicher gehen möchte, lässt sich seine Unterhaltsansprüche in einem „**vollstreckbaren Titel**" beurkunden. Wer über solch einen Titel verfügt, kann den Anspruch gegen den Unterhaltsschuldner zwangsweise durchsetzen.

Wege zum vollstreck-baren Titel

Weg Nr. 1: Der Unterhaltsschuldner wird aufgefordert, Kindesunterhaltsansprüche beim Jugendamt in vollstreckbarer Form anzuerkennen, und er kommt der Aufforderung nach. Das ist kostenfrei möglich.

Weg Nr. 2: Der Unterhaltsschuldner kann den Anspruch vor einem Notar in einer Urkunde „in vollstreckbarer Form" anerkennen, die Urkunde wird dem Unterhaltsgläubiger übergeben. Das ist relativ kostengünstig (etwa 200 bis 300 Euro).

Weg Nr. 3: Das sogenannte „vereinfachte Verfahren" wird in der Praxis von Jugendämtern genutzt, wenn sie anstelle eines Elternteils Kindesunterhalt an eine Mutter minderjähriger Kinder zahlen.

Unterhalts-klage

Weg Nr. 4: Die Unterhaltsklage beim zuständigen Amtsgericht ist immer dann richtig, wenn ein Unterhaltsschuldner die freiwillige Anerkennung des geforderten Unterhaltsbetrags verweigert.

In einer „Klageschrift" muss dargelegt werden, aus welchen Gründen sich der geltend gemachte Anspruch ergibt. So weit wie möglich sind in der Klageschrift bereits Zeugen zu benennen. Soweit Beweisdokumente relevant sind, müssen diese zumindest in Kopie vorgelegt werden.

Das Amtsgericht stellt dann die Klageschrift dem Unterhaltsschuldner zur Stellungnahme zu. Nachdem beide Seiten ausreichend Gelegenheit hatten, sich zur Sache zu äußern, beraumt das Gericht einen Termin zur mündlichen Verhandlung an. Zu dem Termin werden in der Regel der Kläger, der Beklagte sowie gegebenenfalls die beauftragten Anwälte geladen. Der gesamte Sachverhalt wird nochmals gemeinsam erörtert, eine einvernehmliche Regelung angestrebt. Scheitern diese Bemühungen und sind keine Zeugen anzuhören, kann das Gericht häufig im Anschluss an die mündliche Verhandlung über den geforderten Unterhalt durch Urteil entscheiden.

Mündliche Verhandlung

Eine mit dem Urteil nicht einverstandene Partei kann Berufung einlegen. Dann entscheidet die nächsthöhere Instanz – das zuständige Oberlandesgericht – abschließend über den Streitfall.

Berufung

Weg Nr. 5: Das Eilverfahren mit „einstweiliger Anordnung" überbrückt die Zeit bis zur endgültigen Entscheidung im Klageverfahren mit einer vorläufigen Regelung. Diese „einstweilige Anordnung" wird auf der Tatsachengrundlage erlassen, die sich aus den Schreiben der Parteien (ohne Beweisaufnahme und häufig auch zunächst ohne mündliche Verhandlung) ergibt.

Eilverfahren

Ein Gerichtsverfahren und Anwälte kosten Geld. Ist eine der beiden Seiten nicht in der Lage, die Kosten für das oder die gerichtlichen Verfahren zu tragen, kann sie Verfahrenskostenhilfe beantragen. Einzelheiten hierzu sind in Kapitel 3 dargelegt.

Verfahrenskostenhilfe

Im Rahmen des Antrags auf Gewährung von Verfahrenskostenhilfe, dem auch die Klageschrift für das beabsichtigte Klageverfahren beizufügen ist, prüft das Gericht bereits vorab, ob es eine Erfolgsaussicht für den geltend gemachten Unterhaltsanspruch sieht. Denn nur unter diesen Umständen darf Verfahrenskostenhilfe gewährt werden. Auch im „**Verfahrens-**

kostenhilfeprüfungsverfahren“ wird der Gegner zu dem geschilderten Sachverhalt angehört. Er kann bereits zu diesem Zeitpunkt Einwände gegen Unterhaltsansprüche erheben.

Das Verfahrenskostenprüfungshilfeverfahren ist gerichtskostenfrei. Auf diesem Wege kann ein alleinerziehender Elternteil gerichtskostenfrei erfahren, ob das Gericht den geltend gemachten Anspruch für begründet erachtet (vorausgesetzt, der Sachverhalt ist zutreffend geschildert). Anwälte und ihre Mandanten können das Risiko, den Prozess zu verlieren, auf Basis der vorläufigen Meinung des Gerichts besser einschätzen. Das ist wichtig, weil am Ende jene Person die Kosten eines Rechtsstreits zu tragen hat, die unterliegt. Wird die Erfolgsaussicht bejaht und die Verfahrenskostenhilfe gewährt, wird dann in einem nächsten Schritt die Klage dem Prozessgegner offiziell zugestellt.

Fachanwaltliche Hilfe

Aufgrund der Komplexität des Unterhaltsrechts empfiehlt es sich in jedem Fall, für ein Klageverfahren fachanwaltliche Hilfe in Anspruch zu nehmen. Dies gilt insbesondere in Hinblick auf die im Klageverfahren immer zu beachtenden prozessualen Besonderheiten.

Beistandschaft des Jugendamtes

Alleinerziehende können das Jugendamt beauftragen, für minderjährige Kinder Unterhaltsansprüche geltend zu machen und durchzusetzen. Das Jugendamt führt dann den gesamten Schriftverkehr mit dem zum Unterhalt verpflichteten Elternteil und geht gegen ihn auch gerichtlich vor. Aufgrund der hohen Belastung mit zahlreichen Fällen sowie mangelnder Kompetenz und Durchsetzungsfähigkeit der Beschäftigten sind Jugendämter vielerorts nicht in der Lage, Unterhaltsansprüche effektiv und schnell durchzusetzen. Daher empfiehlt es sich eher, einen im Familienrecht erfahrenen Anwalt zu beauftragen.

Gerichtsvollzieher

Mit einem Vollstreckungstitel können Sie einen Gerichtsvollzieher beauftragen, ihre Ansprüche durchzusetzen. Der Gerichtsvollzieher hat jedoch nur die Möglichkeit, bereits aufgelaufene Unterhaltsrückstände oder gerade im aktuellen Monat fällige Unterhaltszahlungen einzuziehen. In der Regel pfändet der Gerichtsvollzieher wegen Unterhaltsansprüchen direkt vor Ort beim Unterhaltsschuldner. Die Pfändung des Arbeitseinkommens (beim Arbeitgeber) oder des Kontoguthabens bei der Bank erfolgt auf Antrag beim Gericht am Wohnsitz des Unterhaltsverpflichteten. Voraussetzung für Pfändungen beim Arbeitgeber ist, dass der Unterhaltsschuldner ein Arbeitseinkommen erzielt, das über dem „Pfändungsfreibetrag" liegt, oder auf dem Konto genügend Geld verfügbar ist.

Änderung titulierter Ansprüche

Vollstreckbare Titel – rechtskräftige Urteile, Unterhaltsvergleiche, notariell beurkundete Unterhaltsvergleiche, Anwaltsvergleiche und Jugendamtsurkunden – können geändert werden. Dafür müssen sich die zum Zeitpunkt der Errichtung des Unterhaltstitels zugrunde gelegten tatsächlichen Verhältnisse wesentlich geändert haben. Das ist der Fall, wenn sich die bislang bestehende Unterhaltsverpflichtung wegen der veränderten Verhältnisse um 10 Prozent oder mehr ändert. Geringfügige Änderungen lassen sich gerichtlich nicht durchsetzen.

Dynamik besser als Statik

Kindesunterhalt kann sowohl in dynamischer als auch in statischer Form tituliert werden. Als **dynamisch** wird ein Kindesunterhaltstitel bezeichnet, bei dem die Unterhaltsverpflichtung als Prozentsatz bezogen auf die Düsseldorfer Tabelle ausgewiesen ist. Ändert sich die Düsseldorfer Tabelle, ändert sich auch der Unterhaltsanspruch, ohne dass noch etwas zu veranlassen ist. Das ist praktisch, weil die Tabelle alle zwei Jahre geändert wird. Man erspart sich dann Streit um die Anpassung von Unterhaltsansprüchen wegen der Änderung.

Konkreter Zahlbetrag

Soweit in einem Titel ein konkreter Zahlbetrag ausgewiesen ist (**statisch**), erhöht sich ein Unterhaltsanspruch nicht, auch wenn die Unterhaltsbeträge der Düsseldorfer Tabelle sich erhöht haben. Hier muss das berechtigte Kind, grundsätzlich über den betreuenden Elternteil, eine **Abänderungsklage** anstreben, wenn es eine Erhöhung des Unterhalts erreichen will.

EXPERTENTIPP

Eine Abänderung kann verlangt werden, wenn sich dadurch eine Erhöhung (oder Verminderung) des Unterhalts um mindestens 10 Prozent ergeben würde („Wesentlichkeitsschwelle"). Da sich eine solche Veränderung nicht allein durch die Änderung der Düsseldorfer Tabelle ergeben wird, sollten Sie als Alleinerziehende/r einen dynamischen Unterhaltstitel anstreben!

Unterhalt für zurückliegende Zeiträume

Wer einen Unterhaltsanspruch geltend macht, kann dies für jenen Zeitraum tun, der nach der Trennung mit der Aufforderung an die andere Seite, Auskünfte zu erteilen, begann. Mit dem Verlangen nach Auskunft tritt nämlich „Verzug" in Bezug auf die Unterhaltsforderung ein. Ein Unterhaltsgläubiger kann auch nach langer Zeit noch rückwirkend bis zu jenem Monat Unterhalt verlangen, zu dem er Auskünfte gefordert hat.

Verzug

Bei nachehelichem Unterhalt dürfen nach der Einleitung des Klageverfahrens keine zwölf Monate vergehen, bis das erste Mal Unterhalt eingefordert wird. Denn trotz Verzugs kann ein Unterhaltsanspruch, der länger als ein Jahr vor der Einleitung eines Klageverfahrens entstanden ist, nicht mehr geltend gemacht werden. Diese Regelung dient dem Zweck, die Ehegatten anzuhalten, ihre Unterhaltsansprüche zeitnah zu verlangen. Es soll vermieden werden, dass größere Unterhaltsrückstände zulasten des Unterhaltsverpflichteten auflaufen.

EXPERTENTIPP

Machen Sie den nachehelichen Unterhaltsanspruch jedenfalls bereits im Rahmen des Scheidungsverfahrens oder unmittelbar danach geltend. Die Rechtsprechung verlangt nämlich für den nachehelichen Anspruch auf Ehegattenunterhalt eine „ununterbrochene Unterhaltskette". Etwa zwei Jahre nach einer Unterbrechung kann der Anspruch insgesamt erlöschen.

Soweit Unterhaltsansprüche auf einen **Sozialträger** (typischerweise das Jugendamt und die Hartz IV gewährende

Behörde) übergeleitet worden sind, weil dieser für eine Übergangszeit Unterhalt geleistet hat, obwohl eine Unterhaltsverpflichtung eines Ehegatten bestanden hat, kann dieser rückständige Unterhalt ebenfalls später geltend gemacht werden. Im Übrigen verjähren Unterhaltsansprüche nach drei Jahren. Die Verjährung beginnt mit Ende des Jahres, in dem der Unterhaltsanspruch entstanden ist.

Verjährung

Man kann Unterhalt für vergangene Zeiträume auch dann verlangen, wenn ein gerichtlich geltend gemachter Unterhaltsanspruch erst nach monatelanger Dauer des Verfahrens zugesprochen wird. Weiter besteht ein Anspruch auf Zahlung rückständigen Unterhalts für einen **Sonderbedarf** des Kindes (vgl. Seite 29).

Zudem kann rückständiger Unterhalt verlangt werden, wenn der Unterhaltsberechtigte aufgrund des Verhaltens des Verpflichteten rechtlich oder tatsächlich nicht in der Lage war, seine Unterhaltsansprüche zeitnah geltend zu machen. Das kann bei der nichtehelichen Mutter beispielsweise der Umstand sein, dass die Vaterschaftsfeststellung erst zu einem späteren Zeitpunkt erfolgt. Ein weiterer Umstand kann die Tatsache sein, dass sich der Unterhaltsverpflichtete an einem unbekannten Ort oder im Ausland aufhält.

Vaterschaftsfeststellung

In manchen Fällen muss ein Ex-Partner dem anderen sogar einen Verfahrenskostenvorschuss zahlen – also ein gegen ihn selbst gerichtetes Gerichtsverfahren vorfinanzieren. Dies ist immer dann der Fall, wenn ein Anspruch auf Vorauszahlung der voraussichtlichen Kosten zur Durchsetzung eines Unterhaltsanspruchs oder für ein Scheidungsverfahren besteht.

Verfahrenskostenvorschuss

KAPITEL 2

Regelungen betreffend die Kinder

Sorgerecht

Das Sorgerecht regelt die „Rechtsmacht" der Eltern, Entscheidungen für ihr minderjähriges Kind zu treffen. Es beinhaltet die „Personensorge" und die „Vermögenssorge".

Personensorge

Die Personensorge umfasst im Wesentlichen folgende Bereiche:

- Aufenthaltsbestimmungsrecht (Bestimmung, wo das Kind tatsächlich lebt und mit wem es umgeht),
- Krankenfürsorge (Entscheidung über medizinische Behandlungen),
- persönliche und religiöse Erziehung,
- Entscheidungen über die schulische und berufliche Ausbildung.

Vermögenssorge

Die Vermögenssorge hat meist keine oder nur eine geringe praktische Bedeutung. Sie umfasst die Verwaltung des Kindesvermögens (zum Beispiel von Sparbüchern und einer Erbschaft des Kindes). Wo nichts ist, braucht niemand eine Sorge zu haben.

Die Sorgeberechtigten sind verpflichtet, ihre Entscheidungen ausschließlich am „**Kindeswohl**" zu orientieren, ihre eigenen Interessen treten demgegenüber zurück. Ein alleinerziehender Elternteil darf das Geld des Kindes nicht für persönliche Zwecke verwenden.

Es gibt sowohl das gemeinsame Sorgerecht beider Eltern als auch das alleinige Sorgerecht nur eines Elternteils.

Sorgerecht bei getrennt lebenden oder geschiedenen Ehegatten

Ist ein Kind aus einer Ehe hervorgegangen, besteht das **gemeinsame Sorgerecht** der Eltern. Auch nach Trennung und Scheidung besteht es fort, solange nicht ein Elternteil die

Übertragung des alleinigen Sorgerechts (oder eines Ausschnitts aus diesem) auf sich gerichtlich durchgesetzt hat.

Aufenthaltsbestimmungsrecht

Es ist möglich, lediglich das Aufenthaltsbestimmungsrecht – also das Recht zu bestimmen, wo das Kind seinen Lebensmittelpunkt haben soll – als Teil des Sorgerechts für sich allein zu beantragen und es im Übrigen beim gemeinsamen Sorgerecht zu belassen.

Jeder Elternteil kann die Abänderung der gemeinsamen Sorge beantragen, sobald die Eltern dauerhaft getrennt leben. Die Familiengerichte entscheiden jedoch nur selten zugunsten eines Elternteils. Es müssen stichhaltige Gründe vorliegen. So reicht es nicht aus, dass eine alleinerziehende Mutter an einen anderen Ort wegziehen und das Kind mitnehmen möchte.

Wegzug

Zieht ein Elternteil gemeinsam mit einem Kind gegen den Willen des anderen Elternteils an einen anderen Ort, so maßt er sich das Aufenthaltsbestimmungsrecht allein an. Das ist grundsätzlich rechtswidrig. Eigentlich müsste der Elternteil entweder die Zustimmung des anderen Elternteils für den Auszug einholen oder sich das Aufenthaltsbestimmungsrecht gerichtlich übertragen lassen. In der Praxis schadet ein Verstoß dagegen aber nicht, wenn die Mitnahme des Kindes dessen Wohl entsprochen hat. Das kann beispielsweise der Fall sein, wenn der zurückgebliebene Elternteil faktisch nicht die Möglichkeit gehabt hätte, das Kind allein zu betreuen.

ACHTUNG

Vor überstürzten Auszugsaktionen sei jedoch hier gewarnt. Wer mit dem Kind an einen anderen Ort zieht, muss im schlimmsten Fall damit rechnen, dass das Kind vom neuen Wohnort mit Unterstützung der Polizei abgeholt wird.

Das **alleinige Sorgerecht** oder Teile hiervon kann auf einen Elternteil in zwei Fällen durch gerichtlichen Beschluss übertragen werden. Der einfachste Fall ist der, dass der andere Elternteil dem Antrag zustimmt. Das Gericht entscheidet dann entsprechend dem gemeinschaftlichen Vorschlag der Eltern. Sobald das Kind selbst 14 Jahre alt ist und dem Vorschlag der

Eltern widerspricht, darf das Gericht dem Antrag der Eltern nicht entsprechen.

Gewalt und Erziehungsunfähigkeit

Gegen den Willen des anderen Elternteils kann das Gericht antragsgemäß entscheiden, wenn die Übertragung des Sorgerechts dem Wohle des Kindes am besten entspricht. Dabei geht es nicht darum, festzustellen, welcher Elternteil der bessere oder schlechtere ist. Vielmehr ist entscheidend, ob ein Alleinentscheidungsrecht eines Elternteils für die Ausübung des Sorgerechts für das Kind überwiegend vorteilhaft ist. Das kann dann der Fall sein, wenn ein Elternteil gewalttätig gegen das Kind war, sich als erziehungsunfähig erwiesen hat oder aufgrund einer psychischen Erkrankung oder Drogenabhängigkeit nicht in der Lage ist, die Interessen des Kindes wahrzunehmen. Solche Gründe sind oft schwer zu beweisen. Falls es tatsächlich stichhaltige Gründe gibt, kommt es darauf an, Nachweise (schriftliche Belege, Zeugenaussagen) zu sammeln.

Mangelnde Kooperationsbereitschaft

In der Praxis hat die größte Bedeutung daher die mangelnde Kooperationsbereitschaft und -fähigkeit der Eltern. Sie ist gegeben, wenn die Eltern trotz aller Anstrengungen nicht mehr in der Lage sind, unter Zurückstellung persönlicher Interessen und Differenzen in Angelegenheiten von erheblicher Bedeutung zum Wohle des Kindes zu handeln.

Hierfür nicht ausreichend sind Streitigkeiten über Alltagsprobleme oder der bloße Wunsch, die alleinige Sorge auszuüben. Auch wenn Letzteres menschlich verständlich ist, weil es nach einer Trennung schlicht einfacher ist, allein zu entscheiden, sollte ein Elternteil nur dann die Übertragung des alleinigen Sorgerechts auf sich beantragen, wenn das unbedingt notwendig ist. Für Kinder ist es von erheblicher Bedeutung, zu sehen, dass beide Eltern für sie Verantwortung tragen. Nicht zuletzt entlasten sich auch die Eltern dadurch gegenseitig.

Für das Kindeswohl und damit Entscheidungen über das Sorgerecht sind folgende Umstände maßgeblich:

Kontinuitätsgrundsatz: Wer das Kind oder die Kinder in der Vergangenheit überwiegend tatsächlich betreut hat, soll das auch in Zukunft tun.

Förderungsprinzip: Welcher Elternteil ist in der Lage, auf Dauer eine beständige Betreuung und Erziehung zu gewährleisten? Das kann durchaus auch ein Elternteil sein, der in Vollzeit erwerbstätig ist. Eine Fremdbetreuung durch anerkannte Betreuungseinrichtungen während der Arbeitszeit wird der persönlichen Betreuung inzwischen weitgehend als gleichwertig oder sogar höherwertig (professionelle Erzieher und Lehrkräfte!) erachtet.

Bindungstoleranz: Die Fähigkeit eines Elternteils, auch nach einem Streit über das Sorgerecht einen spannungsfreien Kontakt zu dem anderen Elternteil zu fördern, spielt bei gerichtlichen Entscheidungen eine immer größere Rolle. Diesem Umstand kann besondere Bedeutung zukommen, wenn beide Elternteile gleichermaßen geeignet erscheinen, das alleinige Sorgerecht auszuüben.

Geschwister

Die Bindung an zurückbleibende Geschwister: Grundsätzlich sollte die Trennung von Geschwistern vermieden werden.

Die Wünsche des Kindes: Auch wenn bei objektiver Betrachtung ein Elternteil besser geeignet ist, das Sorgerecht für ein Kind auszuüben als der andere, kann es geboten sein, dennoch dem anderen Elternteil das Sorgerecht zu übertragen, wenn dies dem ausdrücklichen echten Willen des Kindes entspricht.

Anwalt des Kindes

Vor einer gerichtlichen Entscheidung werden alle Beteiligten durch das Familiengericht angehört. Zudem ist auch das Jugendamt zu beteiligen und anzuhören. Soweit das Gericht es für erforderlich erachtet, wird für das Kind ein Verfahrensbeistand (sogenannter „Anwalt des Kindes", in der Regel eine Sozialpädagogin oder ein Sozialpädagoge, aber auch Juristen) bestellt. Dieser ermittelt durch Gespräche mit den Eltern, sonstigen Verwandten, dem sozialen Umfeld, dem Jugendamt und insbesondere mit dem Kind selbst, welche Punkte für eine gerichtliche Entscheidung maßgeblich sein können, und bringt diese für das Kind in das Verfahren ein.

Sorgerecht bei nicht verheirateten Eltern

Wenn ein Kind aus einer Beziehung nicht verheirateter Eltern hervorgegangen ist, steht der Mutter Kraft Gesetzes das Sorgerecht allein zu. Um dieses Alleinsorgerecht gegenüber Dritten nachweisen zu können, kann eine Mutter sich durch das Jugendamt die Alleinsorge bestätigen lassen.

Ein gemeinsames Sorgerecht der Eltern kann durch Sorgeerklärungen beider Elternteile vor dem Jugendamt oder bei einem Notar begründet werden, indem sie erklären, das Sorgerecht gemeinsam ausüben zu wollen. Beim Jugendamt erfolgt die Beurkundung kostenfrei. Die Erklärungen können auch noch nach einer Trennung von Eltern abgegeben werden, die zunächst zusammengelebt haben.

Mit Zustimmung der Mutter kann auch das alleinige Sorgerecht auf den Vater übertragen werden. Die Übertragung erfolgt auf Antrag eines Elternteils durch das Familiengericht. Danach ist wiederum auf Antrag eines Elternteils mit Zustimmung des anderen durch gerichtliche Entscheidung auch die Übertragung des alleinigen Sorgerechts des Vaters auf beide Elternteile möglich.

Ein gemeinsames Sorgerecht entsteht automatisch, wenn die Eltern heiraten.

Rechtsposition der Mutter geschwächt

In einem Beschluss vom 21. Juli 2010 hat das Bundesverfassungsgericht die gesetzliche Regelung für verfassungswidrig erklärt, wonach ein Vater eines nichtehelichen Kindes gegen den Widerspruch der Mutter nicht die Einräumung des gemeinsamen oder die Übertragung des alleinigen Sorgerechts erreichen konnte.

Diesen Vätern soll nunmehr auf gerichtlichen Antrag auch gegen den Willen der Mutter das gemeinsame oder alleinige Sorgerecht übertragen werden können, wenn dies dem Kindeswohl entspricht. Der Gesetzgeber muss hier eine Neuregelung treffen. Die Familiengerichte können aber bereits jetzt aufgrund einer Anordnung des Bundesverfassungsgerichts bis zu einer Neuregelung entsprechend entscheiden. Damit ist die bislang starke Position der Mutter in diesem oft umstrittenen Rechtsbereich stark geschwächt worden.

Abänderung einer einmal getroffenen Sorgerechtsentscheidung

Eine einmal durch das Familiengericht getroffene Sorgerechtsentscheidung kann nur dann abgeändert werden, wenn triftige, das Kindeswohl nachhaltig berührende Gründe dies gebieten. Das ist im Einzelnen sehr sorgfältig zu prüfen.

Gründe

Als mögliche Gründe für eine Änderung seien genannt: die Nichtbefolgung ärztlicher Behandlungsanordnungen, gewalttätiges Verhalten des sorgeberechtigten Elternteils gegenüber dem Kind und ein ernsthafter und nachvollziehbarer Wunsch des Kindes selbst nach Abänderung.

Informationsrechte des nichtsorgeberechtigten Elternteils

Auch der Elternteil, der nicht sorgeberechtigt ist – meist der Vater –, hat gegenüber dem anderen Elternteil – meist die Mutter – einen Anspruch auf Information über die Belange des Kindes. Dieser Anspruch auf Information bezieht sich auf alle persönlichen Umstände des Kindes, also alle Aspekte der körperlichen, geistigen und sozialen Entwicklung. Ein Anspruch auf Auskünfte besteht aber nur in längeren Zeitabschnitten von mehreren Monaten. Eine alleinerziehende Mutter muss also auf Anforderung – auch bei extremen Konflikten mit dem Kindsvater – Informationen über das Kind erteilen. Eine Informationsblockade aus Rachegründen ist gesetzeswidrig und kann sich – etwa bei einer Gerichtsverhandlung – ungünstig auswirken, weil sie als mangelnde Kooperationsbereitschaft ausgelegt werden kann.

Persönliche Umstände

Familiengerichtliche Genehmigungen

Auch sorgeberechtigte Eltern oder Elternteile können in rechtlich besonders bedeutsamen Angelegenheiten ihr Kind nicht immer uneingeschränkt vertreten. In einigen Angelegenheiten bedürfen Entscheidungen für die Kinder einer familiengerichtlichen Genehmigung.

Die wichtigsten Bereiche sind Grundstücksgeschäfte, die Ausschlagung einer Erbschaft, ein Erbverzicht, Entscheidungen, die den Anteil eines Kindes an einer Gesellschaft betreffen, oder die Aufnahme eines Darlehens im Namen des Kindes.

Umgangsrecht

Es ist für jedes Kind von enormer Bedeutung, mit beiden Elternteilen Kontakt zu pflegen. Es besteht auch ein „Recht auf Umgang", das der elterlichen Verantwortung entspricht und der Aufrechterhaltung der Bindungen des Kindes an seine Eltern dient.

Recht des Kindes

Das Umgangsrecht ist aber in erster Linie als Recht des Kindes gedacht. Es besteht gleichermaßen für Kinder von verheirateten, aber getrennt lebenden, geschiedenen und unverheirateten Eltern. Das Umgangsrecht hängt nicht davon ab, ob der umgangsberechtigte Elternteil Sorgerechtsinhaber ist oder war.

Es besteht eine gesetzliche Pflicht des sorgeberechtigten Elternteils – meist die alleinerziehende Mutter –, den Umgang mit dem anderen Elternteil zu fördern. Nicht selten fällt das nach einer konfliktreichen Trennung der Eltern schwer. Im Interesse des Kindes sollten sich die Eltern aber bemühen, ihre Partnerprobleme nicht auf die Eltern-Kind-Beziehung des getrennt lebenden Partners zu übertragen. Die Erfahrung zeigt, dass Kinder oft leiden, wenn ihre Eltern nicht in der Lage sind, ihre Auseinandersetzungen und das Umgangsrecht strikt auseinanderzuhalten. Eine alleinerziehende Mutter mag noch so sehr durch eine finanziellen Klemme und Konflikte mit dem Kindsvater verärgert sein, sie kann und darf nicht das Umgangsrecht verweigern.

Neben den Eltern können auch die Großeltern und Geschwister ein Recht auf Umgang geltend machen. Die praktische Bedeutung dieses eigenen Rechts der Verwandten ist jedoch gering, weil der Kontakt durch beide Elternteile in der Regel ohnehin vermittelt wird.

Umfang des Umgangs

Der Umfang des Umgangs wird durch die persönliche Situation aller Beteiligten mitbestimmt und sollte so ausgestaltet werden, dass das Kind hiervon so gut wie möglich profitiert. Der Umfang und die zeitliche Lage können insbesondere vom Alter der Kinder abhängen. Bei Babys wird man davon absehen, einen Umgang über Nacht vorzusehen. Doch bereits bei Kindern im Alter von 2 bis 3 Jahren kommt ein ununterbrochener Umgang von mehreren Tagen in Betracht.

Es empfiehlt sich, den Umgang in einem regelmäßigen Rhythmus (weit verbreitet: 14 Tage) durchzuführen. Andere zeitliche Abstände sind denkbar. Sofern die Eltern nahe beieinander wohnen, bietet es sich an, zusätzlich einen Umgang im Wochenrhythmus zu vereinbaren. Der regelmäßige Umgang mit dem anderen Elternteil ist häufig für die Alleinerziehenden ein Segen. Denn so kommen sie in den Genuss eines freien Wochenendes oder freien Abends.

Holen und Bringen

Grundsätzlich hat der umgangsberechtigte Elternteil die Verpflichtung, das Kind bei dem anderen abzuholen und wieder zurückzubringen. Das gilt auch, wenn die Elternteile sehr weit auseinander wohnen. In diesen Fällen ist es auch denkbar, dass ein Kind ab einem bestimmten Alter selbständig mit dem Zug oder dem Flugzeug anreist. Bei sehr großer Entfernung bietet es sich an, auf Wochenendbesuche zu verzichten und stattdessen den Umgang in längeren Ferienblöcken zu vereinbaren.

GUT ZU WISSEN

Auch wenn ein längerer Umgangskontakt vereinbart wird, mindert dies grundsätzlich nicht den Unterhaltsbedarf und -anspruch des Kindes. Ein mehrwöchiger Ferienaufenthalt begründet somit keinen Anspruch auf Kürzung der laufenden Unterhaltszahlungen für das Kind.

Familiengericht

Können sich die Eltern nicht auf den Umfang und die Durchführung der Umgangskontakte einigen, kann das Familiengericht angerufen werden. Dabei ist es nicht erforderlich, einen bestimmten Umfang des Umgangs zu beantragen. Das Gericht wird zunächst versuchen, eine einvernehmliche Regelung unter Berücksichtigung der unterschiedlichen Interessenlagen herbeizuführen. Ist das nicht möglich, legt das Gericht die Umgangskontakte konkret in Umfang und Häufigkeit unter Berücksichtigung des Kindeswohls und der tatsächlichen Lebensumstände der Beteiligten fest. Dabei wird auch auf besondere berufliche Bedürfnisse Rücksicht genommen, beispielsweise bei Arbeitnehmern, die häufig an Wochenenden arbeiten müssen. So wird in diesem Fall versucht, einen Ausgleich unter der Woche zu finden.

Unabhängiger Umgangspfleger

Boykottiert eine alleinerziehende Mutter den Umgang, kann das dazu führen, dass auf Antrag des Vaters beim Familiengericht ein unabhängiger Umgangspfleger bestellt wird, der die Umgangskontakte organisiert.

Besondere Regelungen werden häufig auch für hohe Feier- und Festtage getroffen. Für Weihnachten und Silvester kommt der jährliche Wechsel in Betracht.

Auch der Umfang der Urlaubsaufenthalte wird bei Streit vom Gericht festgelegt. Besteht ein gutes Verhältnis zwischen dem umgangsberechtigten Elternteil und dem Kind, wird regelmäßig während der Sommerferien ein Aufenthalt von zwei bis drei Wochen und in den übrigen Ferienzeiten ein Aufenthalt von jeweils einer Woche genehmigt.

Für ausgefallene Besuchstermine sollten Ersatzregelungen getroffen werden.

Neben dem persönlichen Kontakt kommt natürlich auch die Kommunikation zwischen Eltern und Kind per Brief, Telefon oder E-Mail in Betracht.

Ausschluss des Umgangsrechts

Ein vollständiger oder zumindest längerer Ausschluss des Umgangsrechts kann nur in absoluten Ausnahmefällen ins Auge gefasst werden. Es soll vermieden werden, dass sich Elternteil und Kind entfremden.

Der Ausschluss des Umgangsrechts ist nur zur Abwendung einer Gefährdung des Kindes auszusprechen. Eine Gefährdung kann gegeben sein, wenn der konkrete Umgang nachweisbar die Ursache für eine Verängstigung eines Kindes ist. Dieser Ursachenzusammenhang kann nur in den seltensten Fällen tatsächlich nachgewiesen werden. Allgemeine Angst oder die Abneigung eines Kindes gegenüber dem anderen Elternteil allein sind kein Grund, den Umgang einzuschränken.

Begleiteter Umgang

Bevor ein Umgang vollständig ausgeschlossen wird, kommt ein sogenannter „begleiteter Umgang“ in Betracht. In diesen Fällen trifft das Kind den Elternteil in Anwesenheit einer besonders befähigten Person, zum Beispiel einer Sozialpädagogin, in den Räumen einer speziellen Einrichtung.

Durchsetzung des Umgangs

Befolgt der alleinerziehende Elternteil den durch ein Gericht festgesetzten Umgang oder eine durch ein Gericht genehmigte Vereinbarung der Eltern zum Umgang nicht, muss er mit folgenden **Maßnahmen** rechnen:

Erstens: Antrag auf ein Vermittlungsverfahren vor dem Familiengericht – die Folge: Verhandlungstermin mit dem Versuch, eine Lösung zu finden.

Zweitens: Eine Umgangsregelung wird durch Vollstreckungsmaßnahmen durchgesetzt. Als Zwangsmittel kommen die Verhängung eines Ordnungsgeldes und, soweit dieses nicht zum Erfolg führt, die Anordnung von Ordnungshaft in Betracht. Diese Zwangsmittel werden auf Antrag durch das Familiengericht festgesetzt. Vor der Anordnung von Zwangsmitteln sind alle Beteiligten, also beide Elternteile und das Kind, anzuhören.

Führen diese Zwangsmittel nicht dazu, dass der Umgang gewährt wird, kann ein Umgangspfleger bestellt oder das Sorgerecht sogar entzogen werden.

Ordnungsgeld, -haft und Zwang

Bringt ein umgangsberechtigter Vater das Kind nach dem Umgang nicht mehr zur alleinerziehenden Mutter zurück, kann die Herausgabe nach einer zuvor beantragten gerichtlichen Entscheidung ebenfalls durch Anordnung von Ordnungsgeld, Ordnungshaft und sogar unter Anwendung von unmittelbarem Zwang gegen den Herausgabeverpflichteten durch Vollstreckungsbeamte erzwungen werden.

Feststellung und Anfechtung der Vaterschaft

Während durch die Geburt eindeutig ist, wer die Mutter eines Kindes ist, kann über die Vaterschaft durchaus Streit entstehen. Dabei ist zu unterscheiden zwischen der rechtlichen Feststellung der Vaterschaft und der tatsächlichen Abstammung eines Kindes von einem bestimmten Mann – das fällt nicht immer zusammen. Es sind folgende Situationen zu unterscheiden:

Erzeuger oder rechtlicher Vater?

Geburt während einer Ehe: Rechtlich ist der Vater eines Kindes der Mann, der zum Zeitpunkt der Geburt mit der Mutter verheiratet ist. Das gilt auch, wenn das Kind vor der Ehe gezeugt wurde und der leibliche Vater nicht der Ehemann ist. Diese rechtliche Vermutung gilt nicht, wenn ein Kind nach der Einleitung eines Scheidungsverfahrens geboren wird und der leibliche Vater spätestens innerhalb eines Jahres nach Rechtskraft der Scheidung seine Vaterschaft mit Zustimmung des geschiedenen Ehemannes anerkennt. Die Erklärungen bedürfen der öffentlichen Beurkundung, die kostenfrei beim Jugendamt oder Standesamt erfolgen kann.

Geburt außerhalb einer Ehe: Die rechtliche Vaterschaft kann einvernehmlich durch eine Anerkennung begründet werden, wenn die Mutter zustimmt. Auch diese Erklärungen bedürfen der öffentlichen Beurkundung (kostenfrei wie oben).

Gerichtliche Feststellung

In zwei Situationen entscheiden Gerichte. Entweder der Vater oder die Mutter hat ein Interesse an der Feststellung der Vaterschaft. Aus der Vaterschaft resultieren insbesondere die Verpflichtung, Unterhalt zu leisten, und gesetzliche Erbrechte des Kindes. Eine alleinerziehende unverheiratete Mutter hat also in der Regel aus finanziellen Gründen ein großes Interesse, dass die Vaterschaft geklärt wird. Dagegen kommt es immer wieder vor, dass die Erzeuger der Kinder von Vaterschaft, Unterhalt und Zahlungen nichts wissen wollen.

Bereits im Rahmen eines Vaterschaftsfeststellungsprozesses kann zugleich beantragt werden, den potenziellen leiblichen Vater zum Mindestunterhalt nach der Düsseldorfer Tabelle verurteilen zu lassen.

Anfechtung der Vaterschaft

Besteht eine rechtliche Vaterschaft, kann sie nur durch einen Antrag auf Vaterschaftsanfechtung gerichtlich beseitigt werden. Der Antrag kann von der Mutter, dem Kind und dem rechtlichen Vater gestellt werden. Der biologische Vater ist dazu nur dann berechtigt, wenn das Kind mit dem rechtlichen Vater – aufgrund einer Trennung der Ehegatten – auf Dauer nicht mehr in häuslicher Gemeinschaft lebt.

Der Antrag auf Vaterschaftsanfechtung ist vor dem Familiengericht zu stellen. Der Antrag ist allerdings zeitlich nicht unbefristet möglich. Sowohl der rechtliche Vater als auch die Mutter und der biologische Vater können die Vaterschaft nur innerhalb von zwei Jahren anfechten, gerechnet ab dem Zeitpunkt, ab dem sie von der Möglichkeit Kenntnis haben, dass der rechtliche Vater nicht der tatsächliche ist. Wichtig für eine alleinerziehende Mutter: Der Ehemann bleibt nach Trennung und Scheidung erst einmal in der Unterhaltspflicht für das Kind, das er nicht gezeugt hat. Erst dann, wenn er erfolgreich die Vaterschaft angefochten hat, ist er befreit von seinen Zahlungsverpflichtungen. Bleibt die Vaterschaftsanfechtung erfolglos, muss der gehörnte Vater bis zum Ende der rechtmäßigen Ansprüche Unterhalt an das Kind zahlen.

Die Anfechtungsfrist des Kindes beginnt erst mit dessen Volljährigkeit oder dann, wenn es erfährt, dass der rechtliche Vater möglicherweise nicht der leibliche ist. Ist die rechtliche Vaterschaft aufgehoben, kann Vaterschaftsfeststellung gegenüber dem biologischen Vater gerichtlich beantragt werden. Für die Vaterschaftsfeststellung sind der mögliche Vater, die Mutter und das Kind antragsberechtigt. Im Rahmen eines entsprechenden Verfahrens wird regelmäßig ein DNA-Gutachten eingeholt, aus dem sich ergibt, ob das Kind von dem Mann abstammt.

DNA-Gutachten

Neben dem Verfahren auf Feststellung der Vaterschaft, aus der auch die rechtlichen Wirkungen für das Erbrecht und das Unterhaltsrecht resultieren, gibt es auch ein isoliertes Verfahren, mit dem die bloße Abstammung eines Kindes gerichtlich beantragt und geklärt werden kann. Dieses Verfahren wurde im Hinblick auf die zeitweise verbreitete heimliche Einholung von Vaterschaftsgutachten eingeführt, die inzwischen verboten ist. Der rechtliche Vater, die Mutter und das Kind haben jeweils gegenüber den anderen beiden Personen einen Anspruch auf Klärung der Abstammung des Kindes. Alle Beteiligten sind verpflichtet, an dem Verfahren teilzunehmen, und müssen sich Blutproben entnehmen lassen. Notfalls wird das zwangsweise durchgesetzt.

Feststellung der Vaterschaft

Adoption

Ein Eltern-Kind-Verhältnis kann auch durch die Annahme als Kind (Adoption) begründet werden. Sowohl minderjährige als auch volljährige Kinder können adoptiert werden. Eine alleinerziehende Mutter muss sich aber darüber im Klaren sein, dass mit der Adoption der Kinder die Unterhaltsverpflichtung des leiblichen Vaters erlischt und auf den Adoptivvater übergeht.

Die Adoption eines minderjährigen Kindes wird genehmigt, wenn sie dem Kindeswohl entspricht und zu erwarten ist, dass ein Eltern-Kind-Verhältnis entstehen wird. Demnach muss die Annahme für das Kind zu nachhaltig besseren gewöhnlichen oder rechtlichen Lebensbedingungen führen. Die Interessen bereits vorhandener Kinder des Annehmenden dürfen einer Adoption nicht entgegenstehen. Das wäre beispielsweise der Fall, wenn der Unterhaltsanspruch dieser Kinder durch die Unterhaltsmehrbelastung aufgrund der Adoption gefährdet werden würde.

Bessere Lebensbedingungen

Kinder, die über 14 Jahre alt sind, müssen der Adoption selbst zustimmen. Bis zu diesem Alter ist die Zustimmung der gesetzlichen Vertreter des Kindes, also der Inhaber des Sorgerechts, nötig. Des Weiteren müssen die leiblichen Eltern des Kindes mit der Adoption einverstanden sein.

Gleiche rechtliche Stellung

Ein adoptiertes Kind hat die gleiche rechtliche Stellung wie ein leibliches Kind des Annehmenden. Die Verwandtschaftsverhältnisse zur Ursprungsfamilie erlöschen vollständig, mithin auch alle Erb- und Unterhaltsansprüche.

KAPITEL 3

Anwalts- und Gerichtskosten

In der Regel entstehen zunächst einmal Anwaltskosten. Nur dann, wenn keine außergerichtliche Einigung über den Unterhalt möglich ist und ein Anspruch gerichtlich durchgesetzt werden muss, fallen auch Gerichtskosten an. Wer Anwalts- und Gerichtskosten nicht bezahlen kann, beantragt Beratungs- und Verfahrenskostenhilfe.

Anwaltskosten

Einmalige Beratung

Welche Anwaltskosten entstehen beim Streit um den Unterhalt? Die Antwort auf diese Frage hängt davon ab, welchen Auftrag ein Anwalt erhält. Wird nur eine einmalige Beratung in Anspruch genommen, sieht das Gesetz eine Begrenzung der Gebühren auf einen Betrag in Höhe von 190 Euro zuzüglich Umsatzsteuer (226,10 Euro) vor.

Ansonsten kommt es sehr darauf an, welche Ansprüche der Anwalt durchsetzen soll (Kindesunterhalt, Unterhalt für die Zeit des Getrenntlebens, nachehelichen Ehegattenunterhalt, Unterhalt nichtehelicher Eltern). Die Rechtsanwaltsgebühren sind im Rechtsanwaltsvergütungsgesetz (RVG) gesetzlich geregelt. Dort wird zwischen der außergerichtlichen und der gerichtlichen Tätigkeit des Anwalts unterschieden.

Beratungs- und Geschäftsgebühren

Bei außergerichtlichen Beratungsleistungen entstehen lediglich Beratungsgebühren. Sobald der Anwalt den Auftrag erhält, gegenüber einem Dritten – also gegenüber dem anderen Partner – tätig zu werden, fällt eine „Geschäftsgebühr“ an. Die Höhe der Geschäftsgebühr hängt davon ab, wie hoch der „Gegenstandswert“ der Tätigkeit des Anwalts ist. Bei Unterhaltsfragen ist der geltend gemachte Unterhaltsanspruch (Jahresunterhaltsbetrag) maßgebend.

BEISPIEL

Ein Anwalt macht für seinen Mandanten gegenüber der anderen Seite 279 Euro Kindesunterhalt und 400 Euro Getrenntlebendenunterhalt geltend. Damit ergibt sich ein Gegenstandswert von 8.148 Euro (679 Euro x 12 Monate).

Bei einem Gegenstandswert von 8.148 Euro und einem Gebührensatz von 1,3 ergibt sich aus der Gebührentabelle des RVG eine Gebühr in Höhe von 583,70 Euro Zudem erhält der Anwalt eine Auslagenpauschale in Höhe von 20 Euro sowie die gesetzliche Umsatzsteuer. Die Gebühr, die der Mandant zu bezahlen hat, beträgt demnach 718,40 Euro.

Die außergerichtlichen Gebühren sind als „Rahmengebühren" ausgestaltet. Der Anwalt legt je nach Umfang der Tätigkeit, Schwierigkeitsgrad sowie der Bedeutung der Angelegenheit zwischen 0,5 und 2,5 Prozent einer vollen Gebühr fest. Er geht von einer sogenannten „Schwellengebühr" in Höhe von 1,3 Prozent aus, die dann entsprechend den Umständen des Einzelfalls zumeist maßvoll erhöht oder auch vermindert wird. Bei reiner Beratungsleistung sind die Gebühren auf einen Betrag in Höhe von 250 Euro begrenzt, sofern keine gesonderte Vergütungsvereinbarung mit dem Mandanten geschlossen wurde.

Gerichtsverfahren

Vertritt ein Anwalt einen Mandanten vor Gericht, entstehen gesonderte Gebühren. Zum Teil werden diese Gebühren jedoch mit außergerichtlichen Gebühren verrechnet. Jeder erfahrene Anwalt versucht, gerichtliche Auseinandersetzungen im Interesse aller Beteiligten zu vermeiden. Denn durch die Einschaltung des Gerichts erhöhen sich die Kosten und die psychischen Belastungen für die ehemaligen Partner.

Einigungsgebühr

Es ist immer geboten, bei Streit auf eine Einigung hinzuwirken. Oft finden zwei Anwälte, die jeweils ihren Mandanten vertreten, eine gute Lösung. Führen diese Bemühungen zum Erfolg, entsteht eine Einigungsgebühr, die aufgrund gesetzlicher Vorgaben einen festen Gebührensatz von 1,5 hat.

Sollte sich dennoch ein gerichtliches Verfahren nicht vermeiden lassen, entstehen Gebühren für die Durchführung des Prozesses, das Verhandeln vor Gericht und gegebenenfalls das Treffen einer Einigung zur Erledigung des Rechtsstreits oder zumindest eines Teils davon.

Verfahrensgebühr

Für das Betreiben des gerichtlichen Verfahrens erhält der Anwalt eine **Verfahrensgebühr** mit einem Gebührenfaktor von 1,3. Für das Verhandeln vor Gericht oder mit dem Gegner über den Rechtsstreit entsteht eine **Terminsgebühr** mit dem ebenfalls festen Gebührensatz von 1,2. Eine Einigung löst vor Gericht noch eine **Einigungsgebühr** mit einem Gebührenfaktor von 1,0 aus. Soweit ein Anwalt vor einem gerichtlichen Verfahren bereits außergerichtlich tätig war, wird die angefallene Geschäftsgebühr zur Hälfte, höchstens jedoch in Höhe von 0,75 auf die gerichtliche Verfahrensgebühr angerechnet. Das heißt, die gerichtliche Verfahrensgebühr vermindert sich höchstens um die Hälfte. Mit den Gebühren sind sämtliche Tätigkeiten des Rechtsanwalts abgegolten, unabhängig davon, ob eine oder mehrere Besprechungen oder die Wahrnehmung eines oder mehrerer Gerichtstermine notwendig waren.

Gerichtsgebühren

Drei Gebühren

Auch die Gerichtsgebühren hängen vom Gegenstandswert ab. Es entstehen in der Regel drei Gerichtsgebühren.

Bei einem Streitwert von 8.148 Euro beträgt die Gerichtsgebühr 181 Euro (zu finden in der Gerichtskostentabelle), so dass die Gebühren für den Prozess 543 Euro (181 Euro x 3) ausmachen würden. Im gerichtlichen Verfahren hat jene Seite die Kosten des Rechtsstreits zu tragen, die im Prozess unterliegt. Die Kosten des Rechtsstreits ergeben sich aus den Gebühren der beteiligten Rechtsanwälte, den Gerichtsgebühren und – soweit eine Beweisaufnahme durch Vernehmung von Zeugen oder Einholung eines Sachverständigengutachten erforderlich war – den Kosten für die Beweisaufnahme.

Unterliegt eine Partei nur teilweise, werden die Kosten im Verhältnis von Obsiegen und Unterliegen zwischen den Parteien aufgeteilt. Klagt beispielsweise eine alleinerziehende Mutter einen Unterhaltsanspruch in Höhe von 1.000 Euro ein und wird ihr ein Unterhalt in Höhe von 600 Euro zugesprochen, hat sie 40 Prozent der Kosten des Rechtsstreits zu tragen, der Vater der Kinder 60 Prozent.

TIPP

Einen Kostenrechner für Anwaltskosten und Gerichtsgebühren finden Sie beispielsweise im Internet unter
www.anwalt-suchservice.de/ratgeber/berechnungen/rechner.htm

Beratungs- und Verfahrenskostenhilfe

Um für jeden Bürger Rechtsberatung zu gewährleisten, sieht das Gesetz Hilfen vor, wenn ein Betroffener nicht in der Lage ist, aus seinem Einkommen oder seinem Vermögen die Kosten für einen Anwalt oder das Gericht zu tragen. Für die außergerichtliche Beratung oder Tätigkeit kann ein mittelloser Bürger vor der Beratung beim örtlichen Amtsgericht „Beratungshilfe“ beantragen. Besteht ein Anspruch auf Beratungshilfe, erhält der Antragsteller einen „Beratungshilfeschein“. Der Anwalt, der diesen Schein erhält, kann dann die bei ihm entstandenen Gebühren gegenüber der Staatskasse geltend machen. Alternativ kann auch der Anwalt die Beratungshilfe unmittelbar nach der Beratung für den Mandanten beantragen. Diese Gebühren weichen von den gesetzlichen Gebühren erheblich nach unten ab.

Beratungshilfeschein

Verfahrenskostenhilfe

Für gerichtliche Verfahren kann Verfahrenskostenhilfe beantragt werden. Das gilt sowohl für den unterhaltsberechtigten wie für den unterhaltsverpflichteten Partner. Vor der Gewährung von Verfahrenskostenhilfe prüft das Gericht anhand des Sachvortrags des Antragstellers im Verfahren, ob die von ihm vertretene Rechtsposition Aussicht auf Erfolg hat. Nur bei Erfolgsaussicht wird die Hilfe genehmigt.

Die Verfahrenskostenhilfe kann entweder als zinsloses Darlehen gewährt werden oder als reine staatliche Leistung, die nicht zurückzuerstatten ist. Das hängt von den Einkommens- und Vermögensverhältnissen des Antragstellers ab, die vom Gericht ebenfalls vorab geprüft werden. Ordnet das Gericht Ratenzahlungen an, orientiert sich deren Höhe ebenfalls an der Leistungsfähigkeit des Antragstellers – sie sind also zumeist verhältnismäßig gering. Durch die Verfahrenskostenhilfe werden nur die Kosten des eigenen Anwalts und die Gerichtskosten abgedeckt.

ACHTUNG

Unterliegt eine Partei, die Verfahrenskostenhilfe erhält, in einem Rechtsstreit, hat sie die anwaltlichen Kosten der Gegenseite selbst zu tragen. Das wird oft übersehen.

KAPITEL 4

Vorsorge für Ausbildung, Alter, Krankheit und Todesfall

Die Vorsorge für spätere Zeiten mag manchen alleinerziehenden Eltern angesichts aktueller Probleme völlig realitätsfern erscheinen. Zu beachten ist hier, dass manche Vorsorgeformen – etwa Patientenverfügung und Vollmachten – kein Geld kosten und sehr wohl den Interessen der eigenen Kinder und der eigenen Person dienen können. Zum Zweiten muss die finanzielle Situation alleinerziehender Mütter nicht in jedem Fall auf Dauer angespannt sein. Je stärker sich das Einkommen – etwa durch beruflichen Aufstieg – verbessert, desto mehr Sparleistungen sind im Interesse der Kinder und der eigenen Person möglich.

Erbrechtliche Ansprüche und Vorsorge für den Fall der Erkrankung und den Todesfall

Eine Erbschaft ist für eine alleinerziehende Mutter mit chronischen Finanzengpässen ein Segen. Auch eine Schenkung der Eltern („vorweggenommene Erbfolge") kann die Situation erheblich entspannen – viele Eltern helfen ihren alleinerziehenden Töchtern gerne durch Betreuungsleistung und finanziell. Das Thema Erbschaft ist jedoch unter dem Stichwort „Vorsorge" unter zwei anderen Fragestellungen für alleinerziehende Mütter und Väter von großer Bedeutung:

Erbschaft

Erstens: Haben meine Kinder erbrechtliche Ansprüche am Nachlass des anderen Elternteils? Zweitens: Wer erbt, wenn ich oder eines meiner Kinder verstirbt, und welche vorsorgenden Regelungen kann ich für meinen (aktuell nicht zu befürchtenden) Todesfall treffen?

Das gesetzliche Erbrecht

Die Erbfolge ergibt sich aus dem Gesetz, wenn der Verstorbene kein Testament hinterlassen hat. Nach dem gesetzlichen

Erbrecht erben die Verwandten des Erblassers. Die jeweils nächsten Verwandten kommen zuerst zum Zuge, sie schließen weiter entfernte Verwandte von der Erbfolge aus.

Daraus folgt, dass Kinder ihre Eltern allein oder zusammen mit einem Ehegatten beerben. Mehrere Kinder – eheliche wie nichteheliche – erben zu gleichen Teilen. Ein geschiedener Ehegatte und ein Partner einer nichtehelichen Lebensgemeinschaft haben keinen gesetzlichen Erbanspruch.

Ehevertrag?

Die Größe des Erbteils des Ehegatten hängt davon ab, ob zwischen den Ehegatten ein Ehevertrag geschlossen worden ist oder – wie in der Regel – nicht.

Güterstand

Soweit das nicht der Fall ist, gilt der gesetzliche Güterstand der **Zugewinngemeinschaft**. In diesem Fall beträgt der gesetzliche Erbteil ein Viertel. Zudem wird der Ehegatte am Nachlass in Höhe eines weiteren Viertels zum Ausgleich eines während der Ehe eventuell erzielten Zugewinns beteiligt. Insgesamt erbt er damit neben den Kindern des Erblassers die Hälfte.

Ist ehevertraglich der Güterstand der **Gütertrennung** vereinbart worden, erbt der Ehegatte neben Kindern zu gleichen Teilen, mindestens aber ein Viertel. Hatte der Verstorbene beispielsweise zwei Kindern, beträgt die Erbquote der Kinder und des Ehegatten jeweils ein Drittel.

Ist ehevertraglich der Güterstand der **Gütergemeinschaft** vereinbart worden, erbt der Ehegatte ein Viertel und die Kinder daneben zu gleichen Teilen.

Erbengemeinschaft

Erben mehrere Personen, bilden diese eine sogenannte Erbengemeinschaft. Diese tritt in alle Rechte und Pflichten des Verstorbenen gemeinschaftlich ein. Sie müssen sich dann gemeinsam über die Verwaltung und die Verteilung des Nachlasses einigen. Vor allem die Aufteilung des Nachlasses kann nur im allseitigen Einvernehmen erfolgen. Widerspricht auch nur ein Erbe, unabhängig von der Höhe seiner Beteiligung am Nachlass, einem Vorschlag der anderen Erben, kann dieser Vorschlag nicht gegen seinen Willen durchgesetzt werden.

Versteigerung

Im wirtschaftlich schlimmsten Falle kann jeder Erbe verlangen, dass der gesamte Nachlass durch Versteigerung veräußert wird. Aus dem Erlös sind dann zunächst etwaige noch bestehende Schulden des Verstorbenen und die Beerdigungskosten auszugleichen. Der dann verbleibende Überschuss wird entsprechend der Quoten unter den Erben aufgeteilt.

Es liegt auf der Hand, dass diese Vorgehensweise in der Regel dazu führt, dass alle Erben wirtschaftliche Nachteile erleiden. Deshalb empfiehlt sich eine einvernehmliche Erbauseinandersetzung, die auch zumeist gelingt.

BEISPIEL

Die leiblichen Eltern Marita und Rolf B. sind ohne Ehevertrag verheiratet, leben aber getrennt. Rolf nennt zwei Häuser, ein Aktienpaket sowie weitere Sparanlagen sein Eigen – Gesamtwert 1,2 Mio. Euro. Er hat kein Testament geschrieben. Marita lebt alleine mit den beiden Kindern. Nach dem Tod von Rolf erhalten Marita einen Anteil am Nachlasswert in Höhe von 600.000 Euro und die Kinder von jeweils 300.000 Euro. Wären die Eltern geschieden, bekämen die Kinder jeweils einen Erbanteil im Wert von 600.000 Euro, Marita keinen Cent.

Erbfolge aufgrund eines Testaments

Hat der Verstorbene in einem Testament Erben benannt, erhalten nur diese den Nachlass. Jede erwachsene Person ist völlig frei, vom Gesetz abweichende Erben zu bestimmen. Liegt ein Testament vor, bilden die hier genannten Erben eine Erbengemeinschaft. Der Erblasser hat aber die Möglichkeit, in seinem Testament für die Verwaltung und die Auszahlung seines Nachlasses für die Erben bindende Anordnungen zu treffen, um so Streit zwischen den Erben zu vermeiden. Das dient in der Regel der Vermeidung der Zerschlagung von im Nachlass befindlichen Vermögenswerten.

BEISPIEL

Marita B. ist mit Rolf B. verheiratet, sie leben jedoch getrennt. Um Rolf beerben zu können, sieht Marita von einer Scheidung ab. Um im Interesse der gemeinsamen Kinder eine Erbschaft von Rolf an ihrem Vermögen auszuschließen, schreibt Marita ein Testament, in dem sie die Kinder als alleinige Erben einsetzt. Rolf kann nach ihrem Tod lediglich Pflichtteilsansprüche geltend machen.

Formalien

Ein Testament muss entsprechend den im Gesetz vorgesehenen Formalien erstellt werden, damit es wirksam ist. Es kann entweder vom ersten bis zum letzten Buchstaben handschriftlich verfasst werden. Dieses Testament ist zu unterschreiben und sollte den Ort und das Datum der Niederschrift enthalten. Alternativ kann ein Testament auch durch notarielle Beurkundung errichtet werden.

TIPP

Ausführliche Informationen, Muster und Vorlagen zur Erstellung eines Testaments finden Sie beispielsweise im stern-Ratgeber „Das Testament", ISBN 978-3-7093-0264-4, Linde 2009.

Pflichtteilsansprüche

Werden Kinder oder ein Ehegatte im Testament enterbt, haben sie dennoch einen sogenannten Pflichtteilsanspruch. Es handelt sich dabei um die unentziehbare Teilhabe am Nachlass eines nahen Angehörigen.

Der Pflichtteil entspricht dem Wert des halben gesetzlichen Erbteils, der gegeben wäre, wenn kein Testament vorliegen würde. Um beispielsweise den Wert des Pflichtteils eines enterbten Kindes zu ermitteln, muss man zunächst bestimmen, wie hoch dessen gesetzlicher Erbteil gewesen wäre. Wäre dieser ein Viertel, würde der Pflichtteilsanspruch ein Achtel betragen.

Gesamtwert des Nachlasses

Sodann ist der Gesamtwert des Nachlasses festzustellen, der am Todestag vorhanden war. Dieser ergibt sich aus dem Wert des vorhandenen Nachlasses abzüglich etwaiger Schulden und der Kosten für die Beerdigung. Beträgt der Nachlass beispielsweise 80.000 Euro, würde sich ein Pflichtteilsanspruch in Höhe von 10.000 Euro ergeben. Dieser Anspruch wäre von dem oder den Erben durch Zahlung zu erfüllen.

Für den Fall, dass der Verstorbene sein Vermögen vor seinem Tod verschenkt hat, bestehen auch „Pflichtteilsergänzungsansprüche".

BEISPIEL

Der vermögende Vater eines unehelichen Kindes, Roland P., ist an Krebs erkrankt und verschenkt daher sein Vermögen in Höhe von 5 Mio. Euro kurz vor seinem Tod an seine aktuelle Freundin Anita. Nach Rolands Tod erbt sein 14jähriger Sohn Daniel nichts. Daniel kann jedoch Pflichtteilsergänzungsansprüche geltend machen. Der gesetzliche Erbteil hätte 5 Mio. Euro betragen. Davon die Hälfte entspricht 2,5 Mio. Euro. Anita muss die Hälfte des Werts der Schenkung an Daniel auszahlen.

Pflichtteilsergänzungsanspruch

Auch Lebensversicherungsleistungen, die aufgrund eines widerruflichen Bezugsrechts an dritte Personen nach dem Todesfall ausgezahlt werden, lösen solche Ansprüche aus.

Zu beachten ist jedoch: Je länger die Schenkung zurückliegt, desto geringer ist auch der Pflichtteilsergänzungsanspruch. Sind zwischen der Schenkung und dem Tod des Schenkers zehn Jahre und mehr vergangen, bestehen keine Pflichtteilsergänzungsansprüche mehr.

Eine wichtige Ausnahme von dieser Zehnjahresfrist ist gegeben, wenn eine Immobilie verschenkt worden ist und der Schenker sich daran ein uneingeschränktes Wohnrecht oder einen sogenannten Nießbrauch vorbehalten hat.

Dann unterliegt auch diese Schenkung einer Pflichtteilsergänzung, selbst wenn sie länger als zehn Jahre zurück liegt.

Gesetzliche Erben beim Tod eines Kindes

Gesetzlicher Erbe eines Kindes sind seine Eltern zu gleichen Teilen. Dieser Umstand wird bei Alleinerziehenden oft übersehen und kann unerwünschte Folgen haben.

BEISPIEL

Die Ärztin Julia K. ist vom Vater ihrer Tochter Alina geschieden und mit ihm zerstritten. Julia verfügt über ein Vermögen in Höhe von rund 900.000 Euro. Nun verunglückt Julia bei einem Verkehrsunfall tödlich. Die einzige Tochter Alina, ebenfalls im Wagen, überlebt den Unfall, stirbt jedoch infolge der Verletzungen drei Tage nach ihrer Mutter. Nun erbt der Vater von Alina das gesamte Vermögen von Alina und mittelbar von Julia, die das auf keinen Fall gewollt hätte.

Unerwünschte Rechtsfolgen

Gegen die oft unerwünschte Rechtsfolge – Erbschaft eines geschiedenen Elternteils – kann man durch die Errichtung eines Testaments vorsorgen. Ein geschickter Schachzug ist in diesem Fall die Anordnung von Vor- und Nacherbschaft. Die alleinerziehende Mutter kann ihre Kinder als sogenannte **Vorerben** einsetzen und sodann **Nacherben** bestimmen (zum Beispiel eigene Geschwister). Die Anordnung der Vor- und Nacherbschaft kann unter die Bedingung gestellt werden, dass sie nur so lange gilt, bis die Tochter eigene Kinder hat (denn nach dem Tod des Kindes erben dessen Kinder).

Nach dem Tod einer alleinerziehenden Mutter wird bei minderjährigen Kindern in der Regel der andere Elternteil allein sorgeberechtigt und erhält das Recht, das Vermögen des Kindes zu verwalten. In zahlreichen Fällen legen Alleinerziehende Wert darauf, dass der andere Elternteil keinen Zugriff auf das Erbe des Kindes erhält. Eine alleinerziehende Mutter kann per Testament ausschließen, dass der andere Elternteil das Erbe des Kindes verwalten kann.

Testamentsvollstreckung

Das stärkste Mittel, eine Vermögensverwaltung anzuordnen, ist die „Testamentsvollstreckung“. Eine Person, die nicht unbedingt ein Elternteil sein muss, wird beauftragt, den Nachlass für einen Erben oder Vermächtnisnehmer auf bestimmte Zeit zu verwalten.

Diese Anordnung kann auch über den Eintritt der Volljährigkeit hinaus angeordnet werden, beispielsweise bis zu dem Zeitpunkt, zu dem ein Kind seine erste Ausbildung oder ein Studium vollständig abgeschlossen hat. Bis zu diesem Zeitpunkt kann das Kind, obwohl es Erbe ist, nicht selbst über die Verwendung des Nachlasses entscheiden. Diese Entscheidungsbefugnis liegt allein beim Testamentsvollstrecker.

Dieses Gestaltungsmittel bewährt sich insbesondere bei großen Nachlässen oder Firmenbeteiligungen.

Vermögensverzeichnis

Erbt ein minderjähriges Kind, sind die sorgeberechtigten Eltern oder der allein sorgeberechtigte Elternteil verpflichtet, über das Erbte ein Vermögensverzeichnis zu erstellen und das Verzeichnis beim Familiengericht abzugeben, wenn der Wert des Erbes 15.000 Euro übersteigt. Das Kind soll nach dem Eintritt der Volljährigkeit die Möglichkeit haben, festzustellen, ob der bis zur Volljährigkeit durch die Sorgeberechtigten verwaltete Nachlass noch vollständig vorhanden ist beziehungsweise wie er sich verändert hat. Damit sollen unberechtigte Verfügungen der Sorgeberechtigten zulasten des Kindes erschwert werden.

Ausschlagung

Es ist auch denkbar, dass ein Kind einen überschuldeten Nachlass erbt. In dem Fall können die sorgeberechtigten Eltern den Nachlass für das Kind ausschlagen. Vor der Ausschlagung muss allerdings die Genehmigung des Betreuungsgerichts eingeholt werden. Während dieser Zeit ist der Lauf der Ausschlagungsfrist, die sechs Wochen beträgt und ab Kenntnis der Erbenstellung zu laufen beginnt, gehemmt.

Vorsorge für den Fall der Erkrankung und der Geschäftsunfähigkeit durch Unfall, Krankheit oder Alter

Patientenverfügung

Wie alle anderen Menschen kann auch ein/e Alleinerziehende/r durch Unfall oder Krankheit in die Situation geraten, dass er oder sie nicht mehr in der Lage ist, ein Gespräch mit einem Arzt zu führen. In einer Patientenverfügung kann man konkrete Anweisungen an behandelnde Ärzte schriftlich niederlegen.

Mögliche Anweisungen können sein, bestimmte Behandlungen zu unterlassen oder in einer bestimmten Situation abzubrechen. Man kann aber auch den Wunsch nach einer medizinischen Maximalbehandlung niederlegen.

Behandlungswünsche

Diese Möglichkeiten sind seit 2009 gesetzlich geregelt. Zu einer Patientenverfügung kommt man in folgenden Schritten:

1. Information/Beratung (Medizin/Ethik)
2. Willensbildung hinsichtlich der Behandlungswünsche
3. Textentwurf
4. Prüfung/Optimierung durch Juristen
5. Erstellen der Reinschrift
6. Unterschrift
7. Aufbewahrung

Der Inhalt der geplanten Patientenverfügung sollte auf jeden Fall mit einem Arzt besprochen werden.

Die Patientenverfügung sollte an einem Ort aufbewahrt werden, der Dritten zugänglich ist, damit gewährleistet ist, dass sie auch aufgefunden wird. Ein Hinweis auf den Aufbewahrungsort in der Geldbörse ist sinnvoll.

Aufbewahrung

Vorsorgevollmacht

Noch stärker als andere Leute sind Alleinstehende und Alleinerziehende in einem Notfall, in dem zeitweise (Unfall) oder auf Dauer (Demenz) keine Entscheidungsfähigkeit mehr gegeben ist, auf eine Vertrauensperson angewiesen. Doch wer soll stellvertretend für sie Entscheidungen treffen, Alltägliches regeln und das Vermögen verwalten? Angehörige, auch die eigenen Kinder, sind hierzu kraft Gesetzes nicht berechtigt. Wer sichergehen will, dass eine ganz bestimmte Person Bevollmächtigter wird, sollte rein vorsorglich eine Vorsorgevollmacht verfassen. Fehlt eine solche Vollmacht, bestimmt meist das zuständige Betreuungsgericht einen Betreuer. Das kann, muss aber nicht ein Familienangehöriger sein.

Vertrauensperson

Voraussetzung für die Erteilung einer Vollmacht ist ein 100-prozentiges Vertrauen in den Bevollmächtigten. Schließlich ist diese Person aufgrund der Vollmacht beispielsweise in der

Vorsicht bei Vollmachten!

Lage, uneingeschränkt über Bankkonten zu verfügen. Eine Vollmacht kann oft lange Zeit, beispielsweise bei Demenzkranken, Bedeutung haben. Deutlich jüngere Verwandte oder Freunde sind in der Regel gleich alten oder älteren Personen als Bevollmächtigte vorzuziehen. Der Bevollmächtigte sollte auch über Durchsetzungsvermögen verfügen, um seine Aufgabe wirkungsvoll erfüllen zu können.

Sie können eine Vollmacht nur für einzelne rechtliche Angelegenheiten, beispielsweise für Entscheidungen zur Vermögensverwaltung, erteilen, oder als sogenannte Generalvollmacht, so dass diese Person praktisch jede Entscheidung für Sie treffen kann, die Sie auch persönlich treffen könnten.

Registrierung

Die Errichtung einer Vorsorgevollmacht kann beim Vorsorgeregister der Bundesnotarkammer in Berlin registriert, aber nicht hinterlegt werden. Die Registrierung dient dem Zweck, Betreuungsgerichte darüber zu informieren, dass eine Vorsorgevollmacht für eine Person besteht, für die andernfalls eine Betreuung rechtlich angeordnet werden müsste.

TIPP

Ausführliche Informationen und Muster zum Thema Patientenverfügung finden Sie beispielsweise im stern-Ratgeber „Patientenverfügung und Vorsorgevollmacht", ISBN 978-3-7093-0289-7, Linde, 2. Auflage 2009.

Betreuungsverfügung

Mit einer Betreuungsvollmacht kann man gegenüber dem Betreuungsgericht Anweisungen geben, welche Person („Schwager Sowieso") oder welcher Personenkreis („eine in der Pflege erfahrene Person") im Bedarfsfall als Betreuer bestellt werden soll. Zudem kann man Anweisungen erteilen, wie beispielsweise konkret mit dem eigenen Vermögen umgegangen werden soll. So kann man bestimmen, dass das Geld besonders sicher (oder spekulativ überwiegend in Aktien) anzulegen ist.

EXPERTENTIPP

Vorsorgevollmacht und Betreuungsverfügung sind voneinander unabhängig. Deren Kombination kann sich jedoch lohnen. Sollte ein Vorsorgebevollmächtigter nicht mehr in der Lage sein, die per Vollmacht übertragene Aufgabe gewissenhaft auszuführen, handelt das Gericht auf Basis der Betreuungsverfügung.

Auch eine Betreuungsverfügung muss so aufbewahrt werden, dass sie im Bedarfsfall gefunden wird. In manchen Bundesländern ist es möglich, die Betreuungsverfügung beim zuständigen Betreuungsgericht zu hinterlegen.

Vormundbenennung

Ist ein alleinerziehender Elternteil – etwa aufgrund von Erkrankungen – nicht mehr in der Lage, die Sorge für seine Kinder auszuüben, übernimmt in der Regel der andere Elternteil diese Aufgabe. Das gilt auch dann, wenn der andere Elternteil aus Sicht des Alleinerziehenden kein geeigneter Betreuer für die Kinder ist. Eine Übertragung des Sorgerechts auf eine andere Person kommt nur in absoluten Ausnahmefällen in Betracht. Das kann der Fall sein, wenn der andere Elternteil es ablehnt, Kinder zu sich zu nehmen. Dann wird einer Person das Sorgerecht übertragen, die am besten in der Lage ist, die Interessen des Kindes wahrzunehmen.

Ein alleinerziehender Elternteil sollte daher vorsorglich eine entsprechende Person benennen. Es empfiehlt sich, dies in Form einer „Vormundbenennung" vorzunehmen. Die Benennung eines Vormunds hat jedoch nur dann rechtliche Bedeutung, wenn ein allein sorgeberechtigter Elternteil oder bei gemeinsamer Sorge beide Elternteile eine Person benennen, die für den Fall ihres Todes die Sorge für die Kinder übernehmen sollen. Eine Vormundbenennung muss formal in Testamentsform erfolgen, also vom ersten bis zum letzten Buchstaben handschriftlich verfasst und unterschrieben sein.

Testamentsform

KAPITEL 5

Ansprüche gegen den Arbeitgeber

Die nachfolgend genannten Ansprüche gegen den Arbeitgeber haben nicht nur Alleinerziehende, sondern alle Arbeitnehmer und Arbeitnehmerinnen. Für sie alle ist es von Bedeutung, die Regelungen zu kennen, die der Gesetzgeber zu ihrem Schutz geschaffen hat.

Alleinerziehende müssen jedoch mit der mehrfachen Belastung durch Erziehung, Haushalt und Beruf ohne Partner, der sie unterstützen könnte, fertigwerden. Insbesondere für sie ist es daher wichtig, die gesetzlichen Schutzvorschriften zu kennen und sich dadurch auch Entlastung verschaffen zu können.

Mutterschutz

Das Mutterschutzgesetz (MuSchG) soll werdende, stillende und nicht stillende Mütter vor ungesunder Beschäftigung schützen.

Bestimmungen

Nach dem MuSchG dürfen Schwangere und stillende Mütter nicht mit Mehrarbeit, nicht in der Nacht zwischen 20 und 6 Uhr und nicht an Sonn- und Feiertagen beschäftigt werden. Ausnahmen gibt es unter anderem für Frauen, die in Gastwirtschaften beschäftigt sind.

Mütter dürfen bis zum Ablauf von acht Wochen, bei Früh- und Mehrlingsgeburten bis zum Ablauf von zwölf Wochen nach der Entbindung nicht beschäftigt werden.

Frauen, die in den ersten Monaten nach der Entbindung nach ärztlichem Zeugnis nicht voll leistungsfähig sind, dürfen nicht zu einer ihre Leistungsfähigkeit übersteigenden Arbeit herangezogen werden.

Beschäftigt ein Arbeitgeber eine schwangere oder stillende Mutter, so muss er bei der Einrichtung und der Unterhaltung des Arbeitsplatzes die erforderlichen Vorkehrungen und Maßnahmen zum Schutz des Lebens und der Gesundheit der Mutter treffen. Bei stehender und gehender Beschäftigung der Arbeitnehmerin muss er für Sitzgelegenheiten, im Falle von sitzender Beschäftigung für kurze Arbeitsunterbrechungen sorgen.

Mutterschutz in der Arbeit

Der Arbeitgeber darf werdende und stillende Mütter nicht mit schweren körperlichen Arbeiten und nicht mit Arbeiten beschäftigen, bei denen sie schädlichen Einflüssen (Staub, Gase, Dämpfe, Hitze, Kälte, Nässe, Erschütterungen, Lärm usw.) ausgesetzt sind.

Diese Frauen dürfen auch nicht Akkord arbeiten oder andere Tätigkeiten ausüben, bei denen durch ein gesteigertes Arbeitstempo mehr Entgelt erreicht werden kann.

Stillenden Müttern muss der Arbeitgeber auf ihr Verlangen – unter Berücksichtigung betrieblicher Belange – die zum Stillen erforderliche Zeit, mindestens aber zweimal täglich eine halbe Stunde oder einmal täglich eine Stunde freigeben.

Die Arbeitnehmerinnen haben auch einen Anspruch darauf, für bei Schwanger- oder Mutterschaft erforderliche Untersuchungen von der Arbeit freigestellt zu werden. Ein Entgeltausfall darf hierdurch nicht eintreten.

Kündigungsschutz

Das MuSchG bietet auch Kündigungsschutz. Die Kündigung einer Frau während der Schwangerschaft und bis zum Ablauf von vier Monaten nach der Entbindung ist unzulässig, wenn dem Arbeitgeber zur Zeit der Kündigung die Schwangerschaft oder Entbindung bekannt war oder ihm diese innerhalb von zwei Wochen nach Zugang der Kündigung mitgeteilt wird.

Sonstige Leistungen bei Schwangerschaft und Mutterschaft für Frauen, die in der gesetzlichen Krankenversicherung versichert sind, sind ärztliche Betreuung und Hebammenhilfe, Versorgung mit Arznei-, Verbands- und Heilmitteln, stationäre Entbindung, häusliche Pflege und Haushaltshilfe.

Leistungen bei Krankheit

Wird eine Arbeitnehmerin oder wird ein Arbeitnehmer durch Arbeitsunfähigkeit infolge Krankheit an ihrer/seiner Arbeitsleistung verhindert, ohne dass sie/ihn ein Verschulden trifft, so hat er oder sie Anspruch auf Entgeltfortzahlung im Krankheitsfall durch den Arbeitgeber für die Zeit der Arbeitsunfähigkeit bis zur Dauer von sechs Wochen.

Entgeltfortzahlung und Krankengeld

Ist sie oder er wegen der Erkrankung ihres bzw. seines Kindes an der Arbeitsleistung verhindert, können Ansprüche auf vorübergehende Arbeitsbefreiung und auf Zahlung von Krankengeld aus der gesetzlichen Krankenversicherung bestehen.

Anspruch auf Krankengeld haben Versicherte, wenn es nach ärztlichem Zeugnis erforderlich ist, dass sie zur Beaufsichtigung, Betreuung oder Pflege ihres erkrankten und versicherten Kindes der Arbeit fernbleiben, eine andere in ihrem Haushalt lebende Person das Kind nicht beaufsichtigen, betreuen oder pflegen kann und das Kind das zwölfte Lebensjahr noch nicht vollendet hat oder behindert und auf Hilfe angewiesen ist.

Elternzeit

Die Elternzeit, die vorher Erziehungsurlaub hieß, soll gewährleisten, dass Eltern sich um ihr Kind kümmern können, ohne gleich nach der Geburt wieder ihrer Arbeit nachgehen zu müssen. Die Bestimmungen zur Elternzeit sollen gewährleisten, dass Eltern aus wirtschaftlichen Gründen nicht bereits in den ersten Jahren des Kindes auf einen Hort oder eine Tagesmutter zurückgreifen müssen. Eltern mit Kindern, die ab 2001 geboren wurden, können eine **dreijährige Elternzeit** in Anspruch nehmen.

Anspruch

Der Anspruch auf Elternzeit besteht für Mütter und Väter, die in einem Arbeitsverhältnis stehen. Damit ist jede Form der Erwerbstätigkeit gemeint: Voll- oder Teilzeitbeschäftigung, auch geringfügige Beschäftigung, jeweils unabhängig von einer Befristung. Ebenso haben Auszubildende, Umschüler, zur beruflichen Fortbildung Beschäftigte und in Heimarbeit Beschäftigte einen Anspruch auf Elternzeit.

Die Elternzeit muss spätestens sieben Wochen vor ihrem Beginn schriftlich beim Arbeitgeber beantragt werden. Zugleich muss erklärt werden, für welche Zeit Elternzeit in Anspruch genommen werden soll.

Der Anspruch auf Elternzeit besteht bis zur Vollendung des dritten Lebensjahres des Kindes. Bis zu zwölf Monate davon können auf die Zeit bis zum achten Geburtstag des Kindes übertragen werden, wenn der Arbeitgeber dem zustimmt.

Für Mütter beginnt die Elternzeit frühestens nach dem Mutterschutz, Väter können Elternzeit bereits während des Mutterschutzes in Anspruch nehmen.

Zuverdienst bei Elternzeit

Während der Elternzeit ist es möglich, als Arbeitnehmer weiter zu arbeiten. Die vereinbarte wöchentliche Arbeitszeit jedes Elternteils, der Elternzeit nimmt, darf 30 Stunden nicht übersteigen. Einer Teilzeitarbeit bei einem anderen Arbeitgeber oder einer selbständigen Tätigkeit muss der Hauptarbeitgeber zustimmen. Einnahmen, die nach ihrer Zweckbestimmung das Einkommen aus der vorangegangenen Erwerbstätigkeit ganz oder teilweise ersetzen, werden auf das Elterngeld angerechnet, soweit es 300 Euro übersteigt; dieser Betrag erhöht sich bei Mehrlingsgeburten um je 300 Euro für das zweite und jedes weitere Kind.

KAPITEL 6

Ansprüche gegen den Staat

Bei bestehendem Beschäftigungsverhältnis: Elterngeld

Das Gesetz zum Elterngeld und zu Elternzeit (BEEG) gilt für ab dem 1.1.2007 geborene Kinder.

Elterngeld muss von den Eltern beantragt werden. Dieser Antrag muss aber nicht unmittelbar nach der Geburt des Kindes gestellt werden. Elterngeld wird auch rückwirkend für bis zu drei Monate vor dem Monat der Antragstellung gewährt.

TIPP

Welche Stelle an Ihrem Wohnort für die Gewährung des Elterngeldes zuständig ist, können Sie der Broschüre zum Elterngeld „Elterngeld und Elternzeit" des Bundesministeriums entnehmen, die als kostenloser Download unter folgender Adresse zur Verfügung steht: www.bmfsfj.de/Kategorien/Publikationen/publikationsliste,did=89272.html

Anspruchsvoraussetzung ist nicht, dass Elternzeit genommen wird. Auch Hausfrauen, Selbständige, Auszubildende, Teilzeitkräfte oder Studierende haben ebenfalls Anspruch auf Elterngeld.

Die Höhe des Elterngeldes

Mindestens 300 Euro

Das Elterngeld beträgt 67 Prozent des in den zwölf Kalendermonaten vor der Geburt des Kindes durchschnittlich erzielten monatlichen Nettoeinkommens, höchstens jedoch 1.800 Euro, mindestens 300 Euro. Ist der Bezieher oder die Bezieherin nicht erwerbstätig gewesen, erhält er oder sie den Mindestbetrag von 300 Euro monatlich.

EXPERTENTIPP

Als werdende Eltern können Sie die Höhe des Elterngeldes beeinflussen, wenn Sie sich vor der Geburt Ihres Kindes für eine günstigere **Steuerklasse** entscheiden. So kann ein Wechsel von Steuerklasse V in Steuerklasse III mehr Elterngeld bringen. Die Steuerklasse III gilt u. a. für verheiratete Arbeitnehmer, die nicht dauernd getrennt leben und nicht die Steuerklasse IV gewählt haben. In Steuerklasse V fallen verheiratete Arbeitnehmer, wenn beide Ehegatten unbeschränkt einkommensteuerpflichtig sind und nicht dauernd getrennt leben. Das dürfte dann wohl allenfalls für Frauen, die sich trennen wollen und künftig alleinerziehend sein werden, relevant sein. Das daraus resultierende höhere Nettoeinkommen ist dann die Berechnungsbasis für das Elterngeld.

Mehrlingsgeburten

Bei Mehrlingsgeburten erhöht sich der Anspruch einkommensunabhängig um je 300 Euro für das zweite und jedes weitere Kind. Wer Hartz IV bezieht, bekommt Elterngeld bis zu 300 Euro nicht als Einkommen angerechnet. Bei Mehrlingsgeburten wird der Freibetrag um die Zahl der geborenen Kinder vervielfacht. Bei Geburt von Drillingen beträgt er also 900 Euro im Monat. Die Bundesregierung hat jedoch im Rahmen des Sparpakets 2010 Einschnitte beim Elterngeld beschlossen. Danach wird das Elterngeld für besser verdienende leicht gekürzt und für Hartz-IV-Familien abgeschafft.

Durchschnittseinkommen

Wie das maßgebliche Durchschnittseinkommen in den letzten zwölf Monaten vor dem Monat der Geburt des Kindes (nach dem sich die Höhe des Elterngeldes richtet) zu ermitteln ist, ist in manchen Bereichen noch ungeklärt. Zu folgenden Einkünften werden noch Entscheidungen des Bundessozialgerichts erwartet:

Offene Rechtsfragen

Streikgeld (Az.: B 10 EG 17/09 R); Gehaltsnachzahlungen, die lange nach Ablauf des Bemessungszeitraums (Az.: B 10 EG 19/09 R) bzw. vor der Geburt in den zwölf Kalendermonaten (Az.: B 10 EG 18/09 R) zugeflossen sind; für eine nicht schwangerschaftsbedingte Erkrankung gezahltes Krankengeld (Az.: B 10 EG 20/09 R) und Arbeitslosengeld I (Az.: B 10 EG 21/09 R).

Zum Einkommen von Selbständigen ist noch nicht abschließend geklärt, ob zu berücksichtigen ist, dass es im letzten abgeschlossenen steuerlichen Veranlagungszeitraum wegen der Aufbauphase sehr viel niedriger war als in den zwölf Monaten vor Geburt des Kindes (Az.: B 10 EG 1/10 R).

Bezugsdauer

14 Monate

Elterngeld wird für 14 Monate gezahlt. Ein Elternteil kann mindestens für zwei und höchstens für zwölf Monate Elterngeld beziehen. Die Partner können aber auch in den ersten sieben Monaten gleichzeitig Elterngeld erhalten.

Die Bezugsdauer kann dadurch verdoppelt werden, dass auf Antrag jeweils nur der halbe Monatsbetrag bezogen wird.

GUT ZU WISSEN

Alleinerziehende ohne Partner, die Elterngeld zum Ausgleich des wegfallenden Erwerbseinkommens beziehen, können Elterngeld für die vollen 14 Monate bekommen. Voraussetzung dafür ist, dass sich ihr Einkommen aus einer vorher ausgeübten Erwerbstätigkeit reduziert hat.

Bei beendetem Beschäftigungsverhältnis: Leistungen aus der Arbeitslosenversicherung (ALG I)

Arbeitslosengeld I (ALG I) ist im Sozialgesetzbuch III geregelt. Es wird aus den Beiträgen zur gesetzlichen Arbeitslosenversicherung finanziert und von der Bundesagentur für Arbeit, also dem Arbeitsamt, ausbezahlt. Der Anspruch besteht unabhängig von Vermögen und Einkommen.

Nach dem Ende der Beschäftigung hat **Anspruch auf Arbeitslosengeld I**,

- wer arbeitslos gemeldet ist,
- sich bei der Agentur für Arbeit arbeitslos gemeldet
- und die Anwartschaftszeit erfüllt hat.

Arbeitslosengeld muss beantragt werden. Die Pflichten in Zusammenhang mit dem Anspruch auf Arbeitslosengeld beginnen aber nicht erst mit Ende des Beschäftigungsverhältnisses, sondern schon vorher.

Rechtzeitig arbeitsuchend melden!

Arbeitsuchmeldung

Wer weiß, dass sein Arbeits- oder außerbetriebliches Ausbildungsverhältnis endet, muss sich spätestens drei Monate vor Anstellungsende persönlich beim Arbeitsamt arbeitsuchend melden („Arbeitsuchmeldung").

Erfolgt die Meldung ohne wichtigen Grund verspätet, verhängt das Arbeitsamt eine einwöchige **Sperrzeit**. Dann erhält der Antragsteller für eine Woche kein Arbeitslosengeld I.

Zwar ist der Arbeitgeber verpflichtet, seine Arbeitnehmer auf die Pflicht zur frühzeitigen Meldung beim Arbeitsamt hinzuweisen. Versäumt er das, muss er den aus einer verspäteten Meldung entstehenden Schaden (Kürzung des Arbeitslosengeldes I) aber nicht ersetzen.

Beendigung der Beschäftigung

Die Pflicht zur Arbeitsuchmeldung entsteht erst, wenn die Beendigung des Beschäftigungsverhältnisses feststeht. Die Beendigung kann feststehen, wenn der Arbeitsvertrag noch läuft. Wird z. B. ein Arbeitnehmer bei noch laufendem Arbeitsverhältnis unwiderruflich von der Arbeit freigestellt, gilt das bereits als Beendigung der Beschäftigung. Die Meldepflicht tritt dann sofort ein, selbst wenn das Arbeitsverhältnis noch mehr als drei Monate fortbestehen sollte.

Diese Meldepflicht besteht auch bei befristeten Arbeitsverhältnissen und bei diesen insbesondere auch dann, wenn eine Verlängerung des Arbeitsvertrags möglich, aber durch den Arbeitgeber noch nicht fest zugesagt ist.

TIPP

Sie sollten sich auch dann arbeitslos melden, wenn Sie eine sichere Aussicht auf eine neue Beschäftigung direkt im Anschluss haben. Kommt es nämlich wider Erwarten doch nicht zu der Anschlussbeschäftigung, droht Ihnen eine einwöchige Sperrzeit.

Was gilt es nun zu beachten, wenn man Arbeitslosengeld I bezieht und eine neue, von vornherein befristete Beschäftigung aufnimmt? In einem solchen Fall ist es – im Hinblick auf das Ende dieser neuen Beschäftigung – nur dann nicht notwendig, sich erneut arbeitsuchend zu melden, wenn man sich beim Arbeitsamt vor Antritt der befristeten Beschäftigung *persönlich* unter Hinweis auf die Befristung abmeldet. Eine schriftliche, telefonische oder per E-Mail erfolgte Abmeldung reicht nicht, um von der einen ansonsten später treffenden Pflicht, sich arbeitsuchend zu melden, entbunden zu sein.

Eile ist geboten

Wie aber muss man sich verhalten, wenn die Kündigungsfrist (oder das befristete Arbeitsverhältnis) weniger als drei Monate beträgt? In solchen Fällen ist Eile geboten. Betroffene haben nur drei Tage Zeit, sich beim Arbeitsamt arbeitsuchend zu melden, um die sonst drohende Sperrzeit von einer Woche zu vermeiden.

Bei der Berechnung der Drei-Tages-Frist wird der Tag der Kenntnisnahme nicht mitgerechnet. Die Frist beginnt daher am Tage nach Kenntnis vom Ende der Beschäftigung. Tage, an denen das Arbeitsamt geschlossen hat (Feiertage und Wochenenden), werden in die Frist nicht eingerechnet.

BEISPIEL

Petra P. erhält die Kündigung ihres Arbeitgebers an einem Donnerstag. Die Kündigungsfrist beträgt weniger als drei Monate. Die Drei-Tages-Frist für die Arbeitsuchmeldung fängt am Freitag an zu laufen. Weil das Arbeitsamt am Samstag und Sonntag nicht geöffnet hat, zählen diese beiden Tage nicht mit. Die Frist läuft am Freitag und (nach dem Wochenende) am Montag und Dienstag. Petra P. muss sich spätestens am Dienstag beim Arbeitsamt arbeitsuchend melden, um eine Sperrzeit zu vermeiden.

Wichtiger Grund

Ebenso wenig werden Tage, an denen man sich aus wichtigem Grund, z. B. wegen Krankheit, nicht arbeitsuchend melden kann, in die Frist eingerechnet. Der wichtige Grund sollte aber nachgewiesen werden können.

Die Arbeitsuchmeldung ist an keine bestimmte **Form** gebunden. Sie kann dem Arbeitsamt durch einen per Post verschickten Brief, ein Fax, eine E-Mail oder durch einen Anruf übermittelt werden. Besonders bequem geht das auch über die Internetseite der Bundesagentur für Arbeit: www.arbeitsagentur.de (dort „Jobbörse“ – „Jobbörse für Arbeitsuchende“ – „Arbeitsuchend melden“).

Internetseite

Als arbeitslos gilt also, wer nicht in einem Beschäftigungsverhältnis steht, sich bemüht, seine Beschäftigungslosigkeit zu beenden und den Vermittlungsbemühungen der Agentur für Arbeit zur Verfügung steht.

Nicht in einem Beschäftigungsverhältnis steht auch, wer eine kurzzeitige, d. h. weniger als 15 Stunden wöchentlich umfassende Erwerbstätigkeit (= Beschäftigung, selbständige Tätigkeit oder Tätigkeit als mithelfender Familienangehöriger) ausübt. Bei der Berechnung dieser Zeiten bleiben gelegentliche Abweichungen von geringer Dauer unberücksichtigt, die Arbeitszeiten mehrerer Erwerbstätigkeiten werden zusammengerechnet. Auf die Höhe des für die Kurzzeitigkeit erzielten Erwerbseinkommens kommt es nicht an.

Anrechnung von Nebeneinkommen

Das Einkommen ist aber nach Abzug von Steuern, Sozialversicherungsbeiträgen und Werbungskosten sowie eines Freibetrags von 165 Euro auf einen eventuell bestehenden Arbeitslosengeld-I-Anspruch anzurechnen. Bei selbständiger Tätigkeit sind pauschal 30 Prozent der Betriebseinnahmen als Betriebsausgaben abzusetzen, es sei denn, der Arbeitslose weist höhere Betriebsausgaben nach.

Der Anspruch auf Arbeitslosengeld I setzt weiter voraus, dass der Arbeitslose sich aktiv darum bemüht, seine Beschäftigungslosigkeit zu beenden.

Aktive Bemühungen

Verfügbarkeit

Um ALG I zu beziehen, ist es notwendig, dass Arbeitsuchende alle Möglichkeiten zur beruflichen Eingliederung nutzen. Hierzu gehört insbesondere, die Verpflichtungen aus der Eingliederungsvereinbarung, die die Behörde mit den Beziehern abschließt, wahrzunehmen, bei der Vermittlung durch Dritte mitzuwirken und die Selbstinformationseinrichtungen der Arbeitsämter in Anspruch zu nehmen. Es ist zudem geboten, den Vermittlungsbemühungen der Agentur für Arbeit zur Verfügung zu stehen. Den Vermittlungsbemühungen der Agentur für Arbeit steht nach § 119 Abs. 5 SGB III zur Verfügung, wer

Verfügbarkeit

1. eine versicherungspflichtige, mindestens 15 Stunden wöchentlich umfassende zumutbare Beschäftigung unter den üblichen Bedingungen des für ihn in Betracht kommenden Arbeitsmarktes ausüben kann und darf,
2. Vorschlägen der Agentur für Arbeit zur beruflichen Eingliederung zeit- und ortsnah Folge leisten kann,
3. bereit ist, jede Beschäftigung im Sinne von Nummer 1 anzunehmen und auszuüben, und
4. bereit ist, an Maßnahmen zur beruflichen Eingliederung in das Erwerbsleben teilzunehmen.

Die Verfügbarkeit richtet sich nach dem im jeweiligen Fall in Betracht kommenden Arbeitsmarkt.

Verfügbarkeit in der Schwangerschaft und Beschäftigungsverbot

Eine Schwangerschaft stellt grundsätzlich kein Beschäftigungshindernis dar. Sie kann lediglich das für die schwangere Arbeitslose in Frage kommende Tätigkeitsfeld einschränken. Die schwangere Arbeitslose ist grundsätzlich verfügbar und hat Anspruch auf Arbeitslosengeld I – abgesehen von den Zeiten des Beschäftigungsverbots unmittelbar vor der Geburt: Nach § 3 Abs. 2 S. 1 des Mutterschutzgesetzes (MuSchG) dürfen werdende Mütter in den letzten sechs Wochen vor der Entbindung nicht beschäftigt werden.

Beschäftigungsverbot

Es ist werdenden Müttern jedoch möglich, sich für diesen Zeitraum dennoch zur Arbeitsleistung ausdrücklich bereit zu erklären. Dann besteht kein Beschäftigungshindernis. Arbeitslosengeld I kann gezahlt werden. Die Erklärung kann bereits zum Zeitpunkt der Arbeitslosmeldung abgegeben werden. Wird die Erklärung später abgegeben, fällt das Beschäftigungshindernis erst zu diesem Zeitpunkt weg. Die Schwangere kann ihre Erklärung jederzeit widerrufen.

EXPERTENTIPP

Sie sollten vor der Abgabe einer solchen Erklärung aber bedenken, dass Sie in den letzten sechs Wochen vor der Geburt Anspruch auf Mutterschaftsgeld haben. In der Regel wird es besser sein, Mutterschaftsgeld zu beziehen:

Zum einen wird dadurch ein bestehender Anspruch auf Arbeitslosengeld I nicht verbraucht. Hinzu kommt, dass der Bezug von Mutterschaftsgeld eine Versicherungspflicht in der Arbeitslosenversicherung begründet. Die Zeit, in der Mutterschaftsgeld bezogen wird, hilft also mit, die Anwartschaftszeit für einen Anspruch auf Arbeitslosengeld I zu erfüllen.

In den acht Wochen nach der Entbindung besteht ein absolutes Beschäftigungsverbot nach § 6 Abs. 1 MuSchG. Bei Mehrlingsgeburten wird diese Frist auf zwölf Wochen verlängert. Auch bei Frühgeburten wird sie auf zwölf Wochen verlängert und darüber hinaus um die Zeit des sonst vor der Geburt bestehenden Beschäftigungsverbots von sechs Wochen, die nicht in Anspruch genommen werden konnte, verlängert. Mangels Verfügbarkeit besteht kein Anspruch auf Arbeitslosengeld I. Es kommt Mutterschaftsgeld in Betracht. Eine Fehlgeburt löst das Beschäftigungsverbot nach § 6 Abs. 1 MuSchG nicht aus.

Folgende gesundheitliche Beeinträchtigungen der Arbeitslosen sind unter dem Gesichtspunkt der **Arbeitsunfähigkeit** zu berücksichtigen:

Verfügbarkeit und Kinderbetreuung

Eine notwendige Kinderbetreuung steht der Verfügbarkeit für die Vermittlung eines Arbeitsplatzes und damit einem Anspruch auf Arbeitslosengeld I nicht grundsätzlich entgegen. Nach der Rechtsprechung des Bundessozialgerichts (BSG) gehört Kinderbetreuung bzw. das Führen eines Familienhaushalts mit Kindern zu den sozialen oder karitativen Betätigungen. Allerdings muss die Arbeitslose bei einem Arbeitsangebot bereit und in der Lage sein, die Betreuung aufzugeben, indem sie sie anderweitig sicherstellt.

Es muss aber mindestens eine Arbeitszeit von 15 Stunden in der Woche möglich sein.

Geben Arbeitslose gegenüber dem Arbeitsamt an, wegen der Kinderbetreuung zeitlich nur eingeschränkt zur Verfügung zu stehen, wird das Arbeitsamt davon ausgehen, dass Verfügbarkeit (nur) für die von ihnen angegebene Arbeitszeit besteht.

EXPERTENTIPP

Wenn Sie in Vermittlungsgesprächen mit dem Arbeitsamt keine Einschränkungen im Hinblick auf die zu vermittelnde Beschäftigung machen und erklären, dass die Kinderbetreuung bei Aufnahme einer Beschäftigung (oder Teilnahme an einer Bildungsmaßnahme) sichergestellt ist, wird das Arbeitsamt von Verfügbarkeit ausgehen. Arbeitslosengeld wird dann für eine Vollzeitbeschäftigung gezahlt.

Mit Nachfragen des Arbeitsamtes muss in diesem Fall aber gerechnet werden, wenn die vorherige Vollzeit-Beschäftigung wegen Kinderbetreuung aufgegeben wurde und man sich innerhalb von sechs Monaten der Arbeitsvermittlung nun uneingeschränkt zur Verfügung stellt. In diesem Fall sollte man nachweisen können, wie die Kinderbetreuung sichergestellt ist.

Verfügbarkeit von Schülern und Studierenden

Nicht verfügbar sind grundsätzlich Schüler, Schülerinnen und Studierende einer Schule, Hochschule oder sonstigen Ausbildungsstätte. Der Gesetzgeber vermutet, dass diese Personengruppen nur versicherungsfreie Beschäftigungen ausüben können.

Anwartschaftszeit

Die Frage nach der Verfügbarkeit von Schülern und Studierenden stellt sich in der Praxis nur, wenn die Schülerin bzw. die Studentin die Anwartschaftszeit (s. u.) erfüllt hat. Dies dürfte bei Schülern, die zuvor keine Arbeitnehmer- oder gleichgestellte Tätigkeit ausgeübt haben, und bei Studenten, die unmittelbar nach dem Abitur das Studium aufnehmen, in der Regel nicht der Fall sein.

Der Besuch schulischer Einrichtungen, die der **Fortbildung** außerhalb der üblichen Arbeitszeit dienen, z. B. von Abendschulen, spielt bei der Verfügbarkeit in der Regel keine Rolle. In diesen Fällen wird sich regelmäßig der Nachweis erbringen lassen, dass daneben eine versicherungspflichtige Beschäftigung ausgeübt werden kann.

Studierende, die nach dem Studium eine **Promotion** schreiben, stehen ebenfalls zur Vermittlung zur Verfügung.

Nachweis

Schüler und Studierende haben aber die Möglichkeit, darzulegen, dass sie trotzdem in der Lage sind, eine Beschäftigung auszuüben. Die bloße Behauptung, arbeiten zu können, reicht aber nicht aus. Der Schüler bzw. Studierende muss darlegen und nachweisen,

- dass der Ausbildungsgang die Ausübung einer versicherungspflichtigen, mindestens 15 Stunden wöchentlich umfassenden Beschäftigung bei ordnungsgemäßer Erfüllung der in den Ausbildungs- und Prüfungsbestimmungen vorgeschriebenen Anforderungen zulässt und
- dass die konkrete Ausgestaltung des Studiums es ermöglicht, eine versicherungspflichtige Beschäftigung aufzunehmen.

Nach Auffassung des Arbeitsamtes können Schüler und Schülerinnen die Vermutung meist nicht widerlegen. Bei elf oder mehr Stunden Unterricht in der Woche geht das Arbeitsamt davon aus, dass keine Verfügbarkeit gegeben ist. Die Rechtsprechung des Bundessozialgerichts gibt demgegenüber keine starren zeitlichen Grenzen vor.

Werkstudenten

Studierende, die vor oder neben ihrem Studium in einem entgeltlichen Beschäftigungsverhältnis standen oder stehen, um sich die zur Durchführung des Studiums erforderlichen Mittel zu verdienen, sogenannte Werkstudenten, werden anders beurteilt. Ihre Beschäftigung ist nach der Rechtsprechung des Bundessozialgerichts nur versicherungsfrei, wenn und solange sie „neben" dem Studium ausgeübt wird, ihm nach Zweck und Dauer untergeordnet ist. Das Studium muss die Hauptsache, die Beschäftigung die Nebensache sein.

Entscheidend sind die Umstände des Einzelfalls, nicht feste Zeitgrenzen. Wer neben seinem Studium während des Semesters wöchentlich maximal 20 Stunden beschäftigt sein kann, bleibt regelmäßig versicherungsfrei.

Verfügbarkeit bei Krankheit

Krank zu sein bedeutet nicht, für die Arbeitsvermittlung nicht zur Verfügung zu stehen. Verfügbarkeit entfällt nur dann, wenn aufgrund der Krankheit *überhaupt keine* zumutbare Beschäftigung mehr ausgeübt werden kann.

Es muss dem Arbeitsamt die eingetretene Arbeitsunfähigkeit und deren voraussichtliche Dauer unverzüglich angezeigt werden – was formlos möglich ist – und spätestens vor Ablauf des dritten Kalendertages nach Eintritt der Arbeitsunfähigkeit eine ärztliche Bescheinigung über die Arbeitsunfähigkeit und deren voraussichtliche Dauer vorgelegt werden. Die Bescheinigung kann aber auch jederzeit nachgereicht werden.

Ärztliche Bescheinigung

Wer während des Bezugs von Arbeitslosengeld arbeitsunfähig krank wird, dem bezahlt das Arbeitsamt das Arbeitslosengeld für die Dauer von sechs Wochen weiter. Das gilt auch für Personen, die am ersten Tag der Arbeitslosigkeit krank werden oder einen Krankenhausaufenthalt beginnen.

Dauert die Arbeitsunfähigkeit länger, springt die Krankenversicherung ein und bezahlt **Krankengeld**. Zeiten des Krankengeldbezugs begründen eine Versicherungspflicht in der Arbeitslosenversicherung und helfen daher mit, die Anwartschaftszeit – siehe unten – zu erfüllen.

Risikoschwangerschaft

Was passiert mit dem Arbeitslosengeld, wenn für die arbeitslose Schwangere wegen einer Risikoschwangerschaft ein ärztliches Beschäftigungsverbot nach dem Mutterschutzgesetz ausgesprochen wird? Wird Arbeitslosengeld mangels Verfügbarkeit gar nicht oder wegen Arbeitsunfähigkeit nur für sechs Wochen gezahlt? Oder muss sich diese Arbeitslose gleich an die Krankenversicherung wenden?

In diesen Fällen ist zu unterscheiden, ob Arbeitsunfähigkeit vorliegt oder nicht.

Arbeitsunfähigkeit setzt voraus, dass die Arbeitslose infolge Krankheit (oder stationärer Behandlung) überhaupt nicht oder nur auf die Gefahr hin, ihren Zustand zu verschlimmern, fähig ist, ihrer bisher ausgeübten Erwerbstätigkeit oder einer ähnlichen Beschäftigung nachzugehen bzw. die ihr nach dem SGB III zumutbaren Tätigkeiten nicht mehr ausüben kann.

Für die Konstellation fehlender Arbeitsunfähigkeit hat das Hessische Landessozialgericht entschieden (Urteil vom 20.8.2007, Az. L 9 AL 35/04), dass das Arbeitsamt für den Zeitraum der Risikoschwangerschaft und des Beschäftigungsverbots Arbeitslosengeld (I) bezahlen muss.

BEISPIEL 1

Die getrennt lebende Petra P. ist schwanger. Sie bezieht von der Bundesagentur für Arbeit Arbeitslosengeld I. Als es Komplikationen in der Schwangerschaft gibt, bescheinigt der behandelnde Frauenarzt ihr ein absolutes Beschäftigungsverbot nach dem Mutterschutzgesetz.

Nachdem Frau P. diese ärztliche Bescheinigung dem Arbeitsamt vorgelegt hat, erhält sie nach Anhörung von dort einen Bescheid. Das Arbeitsamt hebt die Bewilligung des Arbeitslosengeldes I auf, weil Frau P. aufgrund des Beschäftigungsverbots der Arbeitsvermittlung nicht mehr zur Verfügung stehe.

Frau P. legt gegen diesen Bescheid Widerspruch ein und weist mit einer ärztlichen Bescheinigung nach, dass keine Arbeitsunfähigkeit vorliegt. Mit diesem Widerspruch wird Frau P. letztlich Erfolg haben. Das Arbeitsamt darf ihr mit der Begründung, sie stehe der Arbeitsvermittlung nicht zur Verfügung, nicht die Leistungen entziehen. Frau P. hat Anspruch auf Arbeitslosengeld gegen das Arbeitsamt. Der Anspruch ist nicht auf die Dauer von sechs Wochen begrenzt.

BEISPIEL 2

Die getrennt lebende Petra P. ist schwanger und bezieht von der Bundesagentur für Arbeit Arbeitslosengeld I. Während der Schwangerschaft erkrankt sie. Der behandelnde Frauenarzt bescheinigt ihr krankheitsbedingte Arbeitsunfähigkeit für die Dauer von sieben Wochen und ein Beschäftigungsverbot wegen einer Risikoschwangerschaft.

Nachdem Frau P. diese ärztliche Bescheinigung dem Arbeitsamt sofort vorgelegt hat, erhält sie nach Anhörung von dort einen Bescheid. Das Arbeitsamt hebt die Bewilligung von Arbeitslosengeld I ab der siebten Woche der Arbeitsunfähigkeit auf.

Diese Entscheidung ist rechtmäßig. Frau P. erhält für die ersten sechs Wochen der Arbeitsunfähigkeit Leistungen vom Arbeitsamt. Ab der siebten Woche Arbeitsunfähigkeit bekommt sie für die Dauer der weiteren Arbeitsunfähigkeit Krankengeld von der Krankenversicherung. Für die Zeit ab dem Ende der Arbeitsunfähigkeit muss sich Frau P. erneut beim Arbeitsamt melden.

Erkranktes Kind

Auch wer ein erkranktes Kind beaufsichtigen, betreuen oder pflegen muss, kann nach § 126 Abs. 2 SGB III in bestimmten Fällen Arbeitslosengeld erhalten.

Die Vorschrift lautet:

> *§ 126 Abs. 2 SGB III*
>
> *Eine Leistungsfortzahlung erfolgt auch im Falle einer nach ärztlichem Zeugnis erforderlichen Beaufsichtigung, Betreuung oder Pflege eines erkrankten Kindes des Arbeitslosen bis zur Dauer von zehn, bei alleinerziehenden Arbeitslosen bis zur Dauer von 20 Tagen für jedes Kind in jedem Kalenderjahr, wenn eine andere im Haushalt des Arbeitslosen lebende Person diese Aufgabe nicht übernehmen kann und das Kind das zwölfte Lebensjahr noch nicht vollendet hat oder behindert und auf Hilfe angewiesen ist. Arbeitslosengeld wird jedoch für nicht mehr als 25, für alleinerziehende Arbeitslose für nicht mehr als 50 Tage in jedem Kalenderjahr fortgezahlt.*

Kinder im Sinne der Vorschrift sind nicht nur leibliche Kinder der Arbeitslosen, sondern auch Stiefkinder, Kinder eines Lebenspartners und Enkelkinder, die die Arbeitslose überwiegend unterhält, sowie Pflegekinder und Adoptivkinder.

Dauert die Notwendigkeit, ein erkranktes Kind zu beaufsichtigen, über die Vollendung des zwölften Lebensjahres hinaus an, entfällt der Anspruch nicht, solange der Leistungsbeginn vor Vollendung des zwölften Lebensjahres liegt.

Arbeitslosengeld wird in diesen Fällen unabhängig von der Anzahl der Kinder maximal 25 Tage, für alleinerziehende Arbeitslose 50 Tage in jedem Kalenderjahr gezahlt. Gemeint sind Tage, an denen der Arbeitslose grundsätzlich auch verfügbar sein muss. Samstage, Sonntage und Wochenfeiertage zählen nicht mit.

Bei behinderten und auf Hilfe angewiesenen Kindern besteht keine Altersgrenze. Der Umfang des zusätzlichen Hilfebedarfs im Vergleich zu gleichaltrigen Kindern ist unerheblich.

Ärztliches Attest

Hierzu ist die Vorlage eines ärztlichen Attests notwendig. Es muss Angaben zu Art und Beginn der Erkrankung und zum zeitlichen Umfang der erforderlichen Betreuungsmaßnahmen enthalten und den Zusammenhang von Krankheit und Betreuung bescheinigen. Bei Zweifeln am Attest kann das Arbeitsamt den Medizinischen Dienst der Krankenversicherung (MDK) einschalten, um den Inhalt der Bescheinigung überprüfen zu lassen.

Zumutbarkeit

Arbeitsuchende müssen im Rahmen der Verfügbarkeit bereit sein, jede zumutbare Beschäftigung anzunehmen.

Bei der Beantwortung der Frage, welche Arbeiten zumutbar sind, sind die **persönlichen Verhältnisse** zu beachten. Zu ihnen können auch individuelle Entscheidungen des Arbeitslosen gehören. So ist z. B. eine Beschäftigung für eine Mutter als unzumutbar anzusehen, wenn ihr am Arbeitsplatz nicht die gewünschte Möglichkeit zum Stillen ihres neugeborenen Kindes eingeräumt wird.

Arbeitslosmeldung

Immer persönlich

Die Arbeits*los*meldung ist nicht das Gleiche wie die Arbeit*such*meldung. Arbeitsuchend melden muss man sich innerhalb von drei Monaten bzw. drei Tagen (s. o.), was formlos möglich ist. Arbeitslos melden kann man sich erst, wenn der Eintritt der Arbeitslosigkeit innerhalb der nächsten drei Monate zu erwarten ist, also vor der Arbeitslosigkeit.

ACHTUNG

Melden Sie sich spätestens am ersten Tag der Arbeitslosigkeit *persönlich* arbeitslos.

Arbeitslosengeld I wird erst ab dem Tage der *persönlichen* Arbeitslosmeldung gezahlt. Leistungen für die Zeit vor dem Tag der Arbeitslosmeldung sind grundsätzlich nicht möglich. Eine Ausnahme gibt es nur, wenn das Arbeitsamt am ersten Tag der Arbeitslosigkeit nicht dienstbereit ist. Arbeitslosengeld muss beantragt werden. Mit der Arbeitslosmeldung gilt der Antrag aber regelmäßig als gestellt.

Anrechnung

Wer sich im Anschluss an das Beschäftigungsverhältnis oder an den letzten Leistungsbezug arbeitslos meldet, dem bringt diese Meldung auch dann etwas, wenn er oder sie keinen Anspruch auf Arbeitslosengeld I hat. In diesen Fällen nämlich zählen die Zeiten der Arbeitslosigkeit in der gesetzlichen Rentenversicherung als Anrechnungszeit.

Die Rechtswirkung der Arbeitslosmeldung erlischt bei mehr als sechswöchiger Unterbrechung der Arbeitslosigkeit und bei nicht gemeldeter Beschäftigung. In diesen Fällen müssen sich Arbeitsuchende erneut persönlich arbeitslos melden, um wieder Leistungen zu erhalten.

Anwartschaftszeit

Voraussetzung für die Gewährung von Arbeitslosengeld ist schließlich die Erfüllung der sogenannten Anwartschaftszeit.

Sie ist regelmäßig bei jenen erfüllt, die innerhalb der letzten zwei Jahre mindestens zwölf Monate Beiträge zur Arbeitslosenversicherung gezahlt haben. Die zwölf Monate Versicherungspflicht müssen nicht zusammenhängend und auch nicht in vollen Monaten zurückgelegt sein.

Zeiten des Bezugs von Sozialleistungen (Mutterschafts-, Kranken-, Versorgungskranken-, Krankentage-, Verletzten- oder Übergangsgeld) und Zeiten der Kindererziehung bis zum dritten Geburtstag des Kindes werden wie Beitragszeiten behandelt, dies allerdings nur, wenn Bezieher unmittelbar zuvor versicherungspflichtig tätig waren oder eine laufende Entgeltersatzleistung nach dem SGB III, z. B. Arbeitslosengeld, bezogen haben.

Bewilligungsbescheid

Wer Anspruch auf Arbeitslosengeld haben, erhält vom Arbeitsamt einen Bewilligungsbescheid. Diesem Bescheid können Höhe und Dauer der Leistung entnommen werden.

Höhe und Berechnung des Arbeitslosengeldes

Das Arbeitslosengeld beträgt für Arbeitslose, die mindestens ein Kind haben, 67 Prozent des sogenannten Leistungsentgelts. **Leistungsentgelt** ist das um pauschalierte Abzüge verminderte Bemessungsentgelt.

Kinder

Mit „Kindern" sind außer leiblichen Kindern auch Adoptivkinder, Stiefkinder, Pflegekinder und für ehelich erklärte Kinder gemeint. Es spielt dabei keine Rolle, ob eine Unterhaltspflicht besteht, ob sie gegebenenfalls erfüllt wird, wer den Unterhalt zahlt, ob der Arbeitslose das Sorgerecht für das Kind hat und wo das Kind wohnt; Pflegekinder müssen allerdings in den Haushalt aufgenommen sein.

Für die übrigen Arbeitslosen beträgt das Arbeitslosengeld 60 Prozent des Leistungsentgelts.

Bei mehrjähriger Beschäftigung mit nachfolgender Arbeitslosigkeit berechnet sich das Arbeitslosengeld nach den Lohnabrechnungen der letzten zwölf Monate. Von dem daraus ersichtlichen Brutto-Bemessungsentgelt wird durch pauschale Abzüge das (Netto-)Leistungsentgelt ermittelt.

Der **Bemessungsrahmen** umfasst ein Jahr; er endet mit dem letzten Tag des letzten Versicherungspflichtverhältnisses vor der Entstehung des Anspruchs.

Liegen in den zwölf Monaten vor dem Ende des Versicherungspflichtverhältnisses keine 150 Tage mit Anspruch auf Arbeitsentgelt, wird der Bemessungsrahmen von zwölf Monaten auf zwei Jahre verlängert. Liegen auch in diesen zwei Jahren nicht mindestens 150 Tage mit Anspruch auf Arbeitsentgelt, ist nicht mehr das tatsächlich zuletzt bezogene Arbeitsentgelt Grundlage der Arbeitslosengeldberechnung. In diesen Fällen wird das Arbeitslosengeld fiktiv bemessen.

Fiktive Bemessung

Dabei ermittelt das Arbeitsamt zunächst, auf welche Beschäftigungen es seine Vermittlungsbemühungen in erster Linie zu erstrecken hat. Dann ordnet es die Arbeitslosen einer von vier sogenannten Qualifikationsgruppen zu. Entsprechend dieser Zuordnung ergibt sich die Höhe des Arbeitslosengeldes.

BEISPIEL

Pia P. ist versicherungspflichtig beschäftigt. Nach Ende der Elternzeit für ihr erstes Kind bekommt sie ein zweites Kind. Während der Elternzeit für dieses Kind schließt ihr Arbeitgeber den Betrieb. Pia P. beantragt Arbeitslosengeld.

Nach sechs Jahren Elternzeit hat Pia P. auch in einem zweijährigen Bemessungsrahmen keine 150 Tage mit Anspruch auf Arbeitsentgelt. Für die Höhe des Arbeitslosengeldes kommt es auf den Arbeitslohn, den Pia P. tatsächlich erhalten hat, nicht an. Das Arbeitsamt berechnet das Arbeitslosengeld auf der Grundlage eines fiktiven Arbeitsentgelts.

Wer sich, z. B. wegen Kinderbetreuung am Nachmittag, nur für eine **Teilzeittätigkeit** zur Verfügung stellt, für den verringert sich das Bemessungsentgelt und damit auch das Arbeitslosengeld entsprechend, nämlich im Verhältnis der geminderten Stundenzahl zu der regelmäßigen wöchentlichen Arbeitszeit für Angestellte im öffentlichen Dienst des Bundes (39 Stunden).

BEISPIEL

Im letzten Beispiel muss die mittlerweile alleinerziehende Pia P. sich nachmittags regelmäßig um ihre beiden Kleinkinder kümmern. Sie kann sich daher dem Arbeitsamt nur für eine 20-stündige Beschäftigung zur Verfügung stellen.

Das Arbeitsamt berechnet das Arbeitslosengeld nicht nur auf der Grundlage eines fiktiven Arbeitsentgelts, sondern legt zudem nur 20/39 als Bemessungsentgelt zugrunde.

TIPP

Einen Arbeitslosengeld-Rechner finden Sie im Internet unter www.pub.arbeitsagentur.de/alt.html

Die Dauer des Anspruchs auf Arbeitslosengeld beträgt

nach Versicherungspflichtverhältnissen mit einer Dauer von insgesamt mindestens ... Monaten	und nach Vollendung des ... Lebensjahres	... Monate
12		6
16		8
20		10
24		12
30	50.	15
36	55.	18
48	58.	24

Der Anspruch auf Arbeitslosengeld kann nicht mehr geltend gemacht werden, wenn nach seiner Entstehung vier Jahre verstrichen sind (§ 147 Abs. 2 SGB III).

BEISPIEL

Pia P. hat einen Arbeitslosengeldanspruch von zwölf Monaten. Nachdem sie neun Monate in Anspruch genommen hat, bringt sie ihr erstes Kind zur Welt. Wegen der Betreuung ihres Kindes im ersten Lebensjahr steht sie der Arbeitsvermittlung nicht zur Verfügung. Unmittelbar danach bekommt sie ihr zweites Kind. Sie steht erneut wegen Kinderbetreuung drei Jahre lang nicht zur Verfügung.

Der restliche Anspruch auf Arbeitslosengeld für die Dauer von drei Monaten ist somit erloschen.

Erlöschen kann der Anspruch auch, wenn nur ein Kind erzogen wird.

BEISPIEL

Petra P. hatte von ihren zwölf Monaten Anspruch auf Arbeitslosengeld sechs Monate verbraucht. Dann findet sie eine versicherungspflichtige Beschäftigung für neun Monate. Anschließend steht sie wegen Kindererziehung für drei Jahre nicht zur Verfügung.

Ihr (Rest-)Anspruch auf Arbeitslosengeld ist erloschen, weil seit Entstehen des ursprünglichen Anspruchs mehr als vier Jahre vergangen sind. (Die Zwischenbeschäftigung von neun Monaten begründet auch keinen neuen Anspruch.)

Das Arbeitsamt muss über die Existenz der Vier-Jahres-Frist informieren. Informiert es falsch oder überhaupt nicht, kann die Arbeitslose über einen **Schadenersatzanspruch**, den sogenannten sozialrechtlichen Herstellungsanspruch, so gestellt werden, wie sie bei ordnungsgemäßer Beratung stehen würde. Je konkreter der erkennbare Beratungsbedarf ist, umso genauer muss das Arbeitsamt beraten. Die nicht erfolgte bzw. fehlerhafte Beratung muss die Arbeitslose nachweisen.

EXPERTENTIPP

Fragen Sie deswegen im persönlichen Gespräch beim Arbeitsamt ausdrücklich nach der Vier-Jahres-Frist und lassen Sie Art und Inhalt der diesbezüglichen Beratung im Beratungsvermerk des Arbeitsamtes dokumentieren. Sie können zum Beratungsgespräch auch eine andere Person mitnehmen, um später gegebenenfalls einen Zeugen zu haben.

Kindergeld, Kinderzuschlag und Kinderentlastungsbetrag

Kindergeld

Kindergeld wird von der Familienkasse bei der Agentur für Arbeit mindestens bis zur Vollendung des 18. Lebensjahres des Kindes gezahlt. Bis zur Vollendung des 25. Lebensjahres wird es gezahlt, wenn das Kind sich in der Schul- oder Berufsausbildung oder im Studium befindet und das Einkommen des

Kindes einen Betrag von 8.004 Euro (2010) nicht übersteigt. Kindergeld kann bis zur Vollendung des 21. Lebensjahres des Kindes bezogen werden, wenn das Kind bei der Agentur für Arbeit oder einem anderen für Arbeitslosengeld II zuständigen Leistungsträger ausbildungsuchend gemeldet ist und keine mehr als geringfügige Tätigkeit ausübt.

Bei Empfängern von Leistungen nach dem SGB II zählt Kindergeld grundsätzlich zum Einkommen und mindert damit den Bedarf der Bezugsberechtigten.

Kinderzuschlag

Eine weitere Leistung der Familienkasse ist der Kinderzuschlag. Er richtet sich an gering verdienende Eltern, die mit ihren Einkünften zwar ihren eigenen Unterhalt finanzieren können, nicht aber den Unterhalt ihrer Kinder. Ohne Kinderzuschlag wären diese Eltern zusätzlich auf Arbeitslosengeld II angewiesen. Als Kinderzuschlag erhalten sie pro Kind bis zu 140 Euro monatlich. Alleinerziehenden steht Kinderzuschlag jedoch meistens nicht zu, weil Unterhaltszahlungen für das Kind oder Unterhaltsvorschuss des Jugendamtes auf den Kinderzuschlag angerechnet werden.

Entlastungsbetrag

Alleinstehende Steuerpflichtige können zudem nach § 24b Einkommensteuergesetz (EStG) einen Entlastungsbetrag in Höhe von 1.308 Euro pro Kalenderjahr von der Summe der Einkünfte abziehen, wenn zu ihrem Haushalt mindestens ein Kind gehört, für das ihnen ein Freibetrag nach § 32 Absatz 6 oder Kindergeld zusteht.

Der Entlastungsbetrag wird jährlich nur einmal (auch bei mehreren Kindern) zusätzlich zum Kindergeld bzw. den Freibeträgen für Kinder gewährt. Er wird damit auch nicht bei der Vergleichsrechnung zwischen Kindergeld und Freibeträgen für Kinder berücksichtigt, sondern von der Summe der (steuerpflichtigen) Einkünfte abgezogen.

Leistungen bei Krankheit

Wird ein Arbeitnehmer durch Arbeitsunfähigkeit infolge Krankheit an seiner Arbeitsleistung verhindert, ohne dass ihn

Entgeltfortzahlung

ein Verschulden trifft, so hat er Anspruch auf Entgeltfortzahlung im Krankheitsfall durch den Arbeitgeber für die Zeit der Arbeitsunfähigkeit bis zur Dauer von sechs Wochen. Voraussetzung ist, dass das Arbeitsverhältnis zuvor seit mindestens vier Wochen ununterbrochen bestanden hatte.

Das gilt nicht nur für Arbeitnehmer, die einen Vollzeitjob haben. Auch wer eine Aushilfstätigkeit mit bis zu 400 Euro monatlichem Verdienst ausübt, hat Anspruch auf Entgeltfortzahlung.

Ein Arbeitnehmer, der wegen derselben Krankheit erneut arbeitsunfähig wird, verliert den Anspruch auf Entgeltfortzahlung für einen weiteren Zeitraum von höchstens sechs Wochen nicht, wenn er entweder

- vor der erneuten Arbeitsunfähigkeit mindestens sechs Monate nicht infolge derselben Krankheit arbeitsunfähig war
  oder
- seit Beginn der ersten Arbeitsunfähigkeit infolge derselben Krankheit eine Frist von zwölf Monaten abgelaufen ist.

Krankengeld

Ab der siebten Woche krankheitsbedingter Arbeitsunfähigkeit bezahlt die gesetzliche Krankenversicherung Krankengeld, längstens für weitere 72 Wochen. Das Krankengeld beträgt 70 Prozent des erzielten regelmäßigen Arbeitsentgelts bzw. Arbeitseinkommens. Das Krankengeld darf 90 Prozent des errechneten Nettoarbeitsentgelts nicht übersteigen.

Krankengeld kann auch bei **Erkrankung eines Kindes** bezogen werden. Voraussetzung ist, dass die Bezieherin nicht arbeiten kann, weil sie ihr erkranktes und versichertes Kind betreuen muss. Die Notwendigkeit ist durch ein ärztliches Attest nachzuweisen. Zudem darf keine andere im selben Haushalt lebende Person sich um das Kind kümmern können. Schließlich darf das Kind noch nicht 12 Jahre alt sein, es sei denn, es ist behindert. Dieses Krankengeld wird längstens für 20 Arbeitstage pro Kind in jedem Kalenderjahr gezahlt.

Wer in der Zeit des Arbeitslosengeldbezugs unverschuldet infolge Krankheit arbeitsunfähig wird, hat dennoch Anspruch auf Arbeitslosengeld für die Zeit der Arbeitsunfähigkeit (oder stationären Behandlung) für die Dauer von sechs Wochen. Ab der siebten Woche der Arbeitsunfähigkeit springt dann wieder die Krankenversicherung ein.

Haushaltshilfe

Wer wegen einer Krankenhausbehandlung oder bestimmter Behandlungsmaßnahmen seinen Haushalt nicht weiterführen kann, kann bei der gesetzlichen Krankenversicherung eine Haushaltshilfe beantragen.

Haushaltshilfe bedeutet, dass von der Krankenversicherung eine Ersatzkraft in den Haushalt geschickt wird. Diese kann durchaus eine Bekannte/ein Bekannter sein.

Krankenhausbehandlung

Als Krankenhausbehandlung gelten auch eine teilstationäre oder eine vor- oder nachstationäre Behandlung in einem Krankenhaus. Ambulante Behandlungen in einem Krankenhaus, auch wenn man dazu den ganzen Tag anwesend sein muss, begründen aber keinen Anspruch auf Haushaltshilfe.

Behandlungsmaßnahmen

Zu den bestimmten Behandlungsmaßnahmen zählen Vorsorgeleistungen, Vorsorgekuren für Mütter und Väter in hierfür geeigneten Einrichtungen, häusliche Krankenpflege, ambulante und vollstationäre Rehabilitationsmaßnahmen sowie medizinische Rehabilitation für Mütter und Väter in hierfür geeigneten Einrichtungen.

Weitere Voraussetzung für die Gewährung einer Haushaltshilfe durch die Krankenkasse ist, dass im Haushalt ein noch nicht 12jähriges oder ein behindertes Kind lebt.

Auch darf kein anderer Haushaltsangehöriger den Haushalt weiterführen können.

Bescheinigung

Manche Krankenkassen sehen in ihren Satzungen sogar noch weitere Leistungen vor. Wenn dort als zusätzliche Voraussetzung eine ärztliche Behandlung gefordert wird, nützt eine ärztliche Bescheinigung, dass man den Haushalt nicht führen kann, nichts. Dann muss eine ärztliche Behandlung bescheinigt werden.

EXPERTENTIPP

Sehen Sie sich die Satzung der Krankenkasse rechtzeitig an oder fragen Sie nach, was sie im Hinblick auf die Haushaltshilfe regelt, bevor Sie den Arzt um eine Bescheinigung bitten.

Ist es der Krankenkasse nicht möglich, eine Haushaltshilfe zur Verfügung zu stellen oder bestand Grund, hiervon abzusehen, erstattet sie die Kosten einer selbst beschafften Ersatzkraft in angemessener Höhe. Nicht erstattungsfähig sind aber die Kosten einer mit dem Versicherten bis zum zweiten Grad verwandten oder verschwägerten Person.

Leistungen der Grundsicherung für Arbeitsuchende nach dem Sozialgesetzbuch II (Hartz IV)

Nach dem Familienreport 2009 des Bundesministeriums für Familie, Senioren, Frauen und Jugend besteht fast jede fünfte Familie in Deutschland aus einem alleinerziehenden Elternteil, in Ostdeutschland ist es mehr als jede vierte Familie. Mehr als 40 Prozent aller Alleinerziehenden beziehen Hartz IV. Alleinerziehende stellen damit – und das seit Jahren – knapp die Hälfte der Bedarfsgemeinschaften mit Kindern.

Hartz IV erhalten erwerbsfähige Hilfebedürftige, die ihren gewöhnlichen Aufenthalt in der Bundesrepublik Deutschland haben, und Personen, die mit ihnen in einer Bedarfsgemeinschaft leben.

Bedarfsgemeinschaft

Zur Bedarfsgemeinschaft gehören zunächst der im gleichen Haushalt lebende Partner, jedoch auch im gleichen Haushalt lebende Eltern bzw. Elternteile eines unverheirateten noch nicht 25 Jahre alten Kindes. Schließlich sind auch hilfebedürftige, unter 25jährige Kinder dieser Personen Teil der Bedarfsgemeinschaft.

Gezahlt wird Hartz IV von der örtlich zuständigen Behörde, der „Arbeitsgemeinschaft".

Leistungen nach dem SGB II sind gegenüber anderen Mitteln, aus denen der persönliche Bedarf gedeckt werden kann, nachrangig.

Stehen andere Mittel tatsächlich nicht oder nicht ausreichend zur Verfügung, ist die Arbeitsgemeinschaft verpflichtet, Leistungen zu erbringen. Sie darf Antragstellende in diesen Fällen grundsätzlich nicht auf (angeblich) bestehende, andere Möglichkeiten, ihren Lebensunterhalt zu sichern, verweisen.

BEISPIEL

Nach der Trennung vom berufstätigen Vater ihrer kleinen Tochter, der sich weigert, Unterhalt zu zahlen, beantragt die nun alleinerziehende Petra P. Hartz IV. Bei Antragstellung teilt ihr der Sachbearbeiter mit, sie habe doch Unterhaltsansprüche gegen ihren ehemaligen Lebensgefährten. Diese müsse sie zunächst geltend machen.

Das ist rechtswidrig. Weil Petra P. ihren Lebensunterhalt aktuell nicht sichern kann, hat die Arbeitsgemeinschaft sofort zu zahlen. Petra P. wird mit einem beim Sozialgericht gestellten Antrag auf Erlass einer einstweiligen Anordnung für sich und ihre Tochter Erfolg haben.

Das gilt auch, wenn Bedürftige auch bei anderen Behörden Leistungen beantragt haben, die ihnen noch nicht zur Verfügung stehen. Die Arbeitsgemeinschaft muss ihnen Leistungen erbringen. Sie kann jedoch dann wegen ihrer Leistungen gegenüber der anderen Behörde einen Erstattungsanspruch geltend machen.

BEISPIEL

Vor der Trennung hatte Petra P. halbtags gearbeitet. Nach der Trennung hat sie diesen Job wegen der erforderlichen Kinderbetreuung verloren. Sie hat Arbeitslosengeld I beantragt und darüber noch keine Entscheidung. Da sie auch mit Arbeitslosengeld I bedürftig sein wird, beantragt sie ergänzend Hartz IV. Der Sachbearbeiter erklärt ihr, sie könne erst dann Leistungen erhalten, wenn klar sei, wie viel Arbeitslosengeld I sie erhält.

Auch das ist rechtswidrig. Die Arbeitsgemeinschaft muss sofort Leistungen erbringen. Sie kann sich die wegen des später gezahlten Arbeitslosengeldes I zuviel gezahlten Leistungen von der Agentur für Arbeit erstatten lassen.

Antragstellung

Um Leistungen erhalten zu können, muss ein Antrag bei der örtlichen Arbeitsgemeinschaft gestellt werden. Leistungen gibt es erst ab Antragstellung, nicht für die Zeit davor. Der Antrag kann zunächst gestellt werden, indem man der Behörde mitteilt, dass man Leistungen beziehen möchte. Die erforderlichen Antragsformulare können anschließend in Ruhe ausgefüllt und später nachgereicht werden. Der Antrag ist also nicht erst dann gestellt, wenn der Behörde die Unterlagen vollständig vorliegen, sondern bereits bei Interessenbekundung.

Bewilligungsabschnitt

Leistungen werden immer nur für eine gewisse Zeit, einen Bewilligungsabschnitt, erbracht. Bevor ein Bewilligungsabschnitt vorbei ist, muss für den folgenden Abschnitt (rechtzeitig) ein Weiterbewilligungsantrag gestellt werden.

Leistungen

Ein Anspruch auf Hartz IV setzt **Hilfebedürftigkeit** voraus. Die Arbeitsgemeinschaft prüft u. a., ob vorhandenes Vermögen der Bedürftigkeit entgegensteht.

Vermögen und Freibeträge

Von dem zu berücksichtigenden Vermögen sind u. a. ein Grundfreibetrag in Höhe von 150 Euro je vollendetem Lebensjahr des volljährigen Hilfebedürftigen (mindestens jeweils 3.100 Euro), ein Grundfreibetrag in Höhe von 3.100 Euro für jedes hilfebedürftige minderjährige Kind und jeweils ein Freibetrag für notwendige Anschaffungen in Höhe von 750 Euro für jeden in der Bedarfsgemeinschaft lebenden Hilfebedürftigen abzuziehen.

Vermögen, das nicht zumutbar zu verwerten ist, bleibt von vornherein außen vor. Das kann z. B. auf kapitalbildende Lebensversicherungen zutreffen. Bei ihnen ist der Betrag, der sich erlösen ließe (Rückkaufswert zuzüglich eventueller Gewinnanteile) den eingezahlten Beiträgen gegenüberzustellen. Unzumutbarkeit kann bereits gegeben sein, wenn der auszuzahlende Betrag weniger als 90 Prozent der eingezahlten Beiträge erreicht. Ist ihre Verwertung unzumutbar, muss eine Lebensversicherung nicht bis zum Rentenalter von der Verwertung ausgeschlossen werden, damit Leistungen bezogen werden können.

Unzumutbarkeit

BEISPIEL

Petra P. hat bei Antragstellung eine kapitalbildende Lebensversicherung. Bislang hat sie 7.500 Euro Beiträge einbezahlt. Bei Rückkauf der Lebensversicherung würde sie um den Auszahlungsbetrag von 5.000 Euro über dem Vermögensfreibetrag liegen. Der Sachbearbeiter fragt nicht nach der Höhe der eingezahlten Beiträge, sondern erläutert ihr, Leistungen könne es erst geben, wenn sie die Lebensversicherung gekündigt und das Geld verbraucht hätte. Das ist falsch. Bei diesem Verhältnis von eingezahlten Beiträgen zu möglichem Auszahlungsbetrag ist die Lebensversicherung nicht zumutbar zu verwerten. Sie wird nicht als Vermögen berücksichtigt. Frau P. muss sie weder kündigen noch bis zum Rentenalter von der Verwertung ausschließen, um Leistungen zu erhalten.

Um die Höhe der zu bewilligenden Leistungen zu ermitteln, wird dem Bedarf (Regelbedarf/Mehrbedarf + angemessene Kosten der Unterkunft und Heizung) das zu berücksichtigende Einkommen gegenübergestellt.

Bedarfssätze

Seit dem 1.7.2009 beträgt die **Regelleistung** für eine alleinstehende bzw. alleinerziehende Person monatlich 359 Euro.

Der **Mehrbedarf** wegen Alleinerziehung beträgt bei

- einem Kind unter 7 Jahren 129 Euro,
- zwei oder drei Kindern unter 16 Jahren 129 Euro,
- für das vierte und fünfte Kind unter 16 Jahren zusätzlich 43 Euro,
- ein Kind zwischen 7 und 17 Jahren 43 Euro und
- für zwei Kinder von 16 oder 17 Jahren 43 Euro.

Der Mehrbedarf für werdende Mütter ab der 13. Schwangerschaftswoche beträgt 61 Euro.

Erstausstattungen

Nicht von der Regelleistung umfasst und – auf Antrag – gesondert erbracht werden Leistungen für Erstausstattungen für die Wohnung einschließlich Haushaltsgeräten, Erstausstattungen für Bekleidung und Erstausstattungen bei Schwangerschaft und Geburt sowie mehrtägige Klassenfahrten im Rahmen der schulrechtlichen Bestimmungen. Die Erstausstattung ist als (nicht zurückzuzahlende) Beihilfe zu gewähren.

Das Bundesverfassungsgericht hat am 9.2.2010 (Az. 1 BvL 1/09, 3/09 und 4/09) entschieden, dass die Vorschriften des SGB II, die die Regelleistung für Erwachsene und Kinder betreffen, verfassungswidrig sind. Sie bleiben bis zur Neuregelung, die der Gesetzgeber bis zum 31. Dezember 2010 zu treffen hat, aber weiter anwendbar. Es lässt sich derzeit nicht sagen, wie der Gesetzgeber die erforderliche Neuregelung ausgestalten wird.

Unterkunft und Heizung

Zu den Kosten für Unterkunft und Heizung hat das Bundessozialgericht in Urteilen vom 2.7.2009 (B 14 AS 33/08 R) und 22.9.2009 (B 4 AS 18/09 R) ausführlich dargestellt, welche Anforderungen an die Ermittlung des angemessenen Mietpreises zu stellen sind. Es hat ausgeführt, dass die Arbeitsgemeinschaften der Berechnung ein schlüssiges Konzept zugrunde legen müssen.

Schlüssiges Konzept?

Ob die Arbeitsgemeinschaften den an ein „schlüssiges Konzept" zu stellenden Anforderungen derzeit mit ihrer Ermittlung dieser Kosten genügen, scheint zumindest fraglich. Hier können sich Widersprüche und Überprüfungsanträge zu Entscheidungen über laufende Kosten oder Übernahme von Nachzahlungen lohnen.

EXPERTENTIPP

Wenn die Arbeitsgemeinschaft der Meinung ist, die Kaltmiete pro Quadratmeter für Ihre Wohnung sei unangemessen hoch, und sie deswegen nicht vollständig übernimmt, können Sie gegen den Bewilligungsbescheid, der als Kosten der Unterkunft und Heizung einen zu geringen Betrag berücksichtigt, Widerspruch einlegen. Nach Abschluss des Widerspruchsverfahrens können Sie gegebenenfalls durch das Sozialgericht klären lassen, ob die von der Arbeitsgemeinschaft zugrunde gelegte angemessene Kaltmiete zutreffend ist.

Für die Vergangenheit sollten Sie an die Möglichkeit eines Überprüfungsantrags (Näheres dazu ab Seite 122 bzw. ab Seite 127) denken.

Von den **Heizkosten** wird jener Anteil, der auf das Erwärmen von Wasser entfällt, nicht übernommen. Auch Kosten für Haushaltsstrom werden nicht übernommen.

EXPERTENTIPP

Wenn Sie Wasser mit einem strombetriebenen Boiler erhitzen, darf Ihnen bei den Heizkosten kein auf Warmwasser entfallender Anteil mehr abgezogen werden (insoweit bezahlen Sie ja bereits den Strom). Geschieht dies trotzdem, legen Sie Widerspruch gegen den entsprechenden Bescheid ein bzw. beantragen Sie für die Vergangenheit eine Überprüfung.

Empfänger von Leistungen nach dem SGB II erhalten regelmäßig dann kein **Wohngeld** nach dem Wohngeldgesetz, wenn bei der Berechnung der SGB-II-Leistung Unterkunftskosten berücksichtigt werden.

Dennoch ist Wohngeld gegenüber Leistungen nach dem SGB II vorrangig. Verweist der SGB-II-Träger auf einen Wohngeldantrag, so muss er in der Zeit bis zur Entscheidung über diesen Antrag Leistungen erbringen.

Umzugskosten

Vor der Unterschrift unter einen neuen Mietvertrag sollte man die Zusicherung der Unterstützung für die Aufwendungen, die für die neue Unterkunft getätigt werden müssen, von der bisher zuständigen Arbeitsgemeinschaft einholen.

Wohnungsbeschaffungskosten

Wohnungsbeschaffungskosten (z. B. Maklerkosten) und Umzugskosten können bei vorheriger Zusicherung durch den bis zum Umzug örtlich zuständigen kommunalen Träger übernommen werden; eine Mietkaution kann bei vorheriger Zusicherung durch den am Ort der neuen Unterkunft zuständigen kommunalen Träger übernommen werden. Eine Mietkaution soll als Darlehen erbracht werden.

Die **Zusicherung** soll erteilt werden, wenn der Umzug durch den kommunalen Träger veranlasst oder aus anderen Gründen (z. B. Kündigung des Vermieters) notwendig ist und wenn ohne die Zusicherung in einem angemessenen Zeitraum keine Unterkunft gefunden werden kann.

Die Arbeitsgemeinschaft kann den Umzug nicht verbieten. Ohne vorherige Zusicherung wird sie die Kosten, die mit dem Umzug zusammenhängen, jedoch nicht übernehmen. Von den laufenden Kosten der neuen Unterkunft und Heizung wird sie nur den aus ihrer Sicht angemessenen Teil übernehmen. Gegen Bescheide, die die beantragte Leistungen ablehnen, kann Widerspruch eingelegt werden.

Schulbedarf

Basismaterial

Ab 1. August 2009 hat der Gesetzgeber einen Zuschlag eingeführt, der dem schulbildungsspezifischen Basismaterial dienen soll. Er hat in der Gesetzesbegründung ausdrücklich Tintenpatronen, Kugelschreiber, Bleistifte, Malstifte, Malkästen, Hefte, Blöcke, Papier, Lineale, Buchhüllen, Zirkel, Taschenrechner und Geodreieck genannt.

Schülerinnen und Schüler, die noch keine 25 Jahre alt sind, erhalten eine zusätzliche Leistung für die Schule in Höhe von 100 Euro, wenn sie oder mindestens ein im Haushalt lebender Elternteil am 1. August des jeweiligen Jahres Anspruch auf Leistungen zur Sicherung des Lebensunterhalts haben.

Existenzgründung

Einstiegsgeld

Für Existenzgründer sieht das Sozialgesetzbuch II Einstiegsgeld und Investitionshilfen vor. Bei der Beurteilung, ob Einstiegsgeld erforderlich ist, hat die Arbeitsgemeinschaft einen weiten Ermessensspielraum. Voraussetzung ist, dass der Hilfebedürftige arbeitet und die Existenzgründung tragfähig ist. Einstiegsgeld wird höchstens 24 Monate lang gezahlt. Investitionshilfen sind rückzahlbare Darlehen und/oder nicht rückzahlbare Zuschüsse, wobei in der Regel Darlehen gewährt werden sollen. Ein Zuschuss darf den Betrag von 5.000 Euro nicht übersteigen.

Einkommen und Freibeträge

Von dem ermittelten Bedarf wird Einkommen in Abzug gebracht. Als Einkommen gelten grundsätzlich alle zufließenden Einnahmen in Geld oder mit einem Geldwert. Vom Einkommen abgezogen werden Aufwendungen und Belastungen, die von Gesetzes wegen das für die Sicherung des Lebensunterhalts zur Verfügung stehende Einkommen mindern.

Bei einem monatlichen Bruttolohn von 400 Euro werden zunächst einmal nach dem Willen des Gesetzgebers 100 Euro pauschal nicht berücksichtigt. Von den verbleibenden 300 Euro bleibt ein weiterer Freibetrag von 20 Prozent, also 60 Euro, unberücksichtigt. Von 400 Euro Bruttolohn im Monat würde die Arbeitsgemeinschaft also (400 Euro–160 Euro =) 240 Euro als Einkommen berücksichtigen.

Zuflussprinzip

Nach dem sogenannten Zuflussprinzip kommt es darauf an, dass das berücksichtigte Einkommen im jeweiligen Monat tatsächlich zur Verfügung steht. Die Arbeitsgemeinschaft darf nur das tatsächliche Einkommen pro Monat und kein höheres Einkommen berücksichtigen.

BEISPIEL

Petra P. verdient sich mit dem Austragen von Zeitungen etwas dazu. Zunächst ist sie als Urlaubsvertretung eingesetzt, für 400 Euro im Monat. Dies teilt sie der Arbeitsgemeinschaft mit. Sie erhält einen Bewilligungsbescheid, der für die nächsten sechs Monate von einem monatlichen Verdienst von 400 Euro abzüglich Freibeträgen, also 240 Euro, ausgeht. Als ihr Kollege nach einem Monat aus dem Urlaub zurück ist, wird sie nur noch als Springer eingesetzt, für monatlich 150 Euro. Obwohl sie dies sogleich der Arbeitsgemeinschaft mitteilt, rechnet diese nach wie vor 240 Euro an.

Das ist rechtswidrig. Die Arbeitsgemeinschaft muss den Bescheid ab dem Monat ändern, in dem Petra P. nur noch 150 Euro verdient. Nach Abzug der Freibeträge verbleibt ein anrechenbarer Betrag in Höhe von (150 Euro – 110 Euro =) 40 Euro, s. o.

Auch darf die Arbeitsgemeinschaft grundsätzlich kein fiktives Einkommen berücksichtigen.

BEISPIEL

Petra P. verdient sich in der Eisdiele an der Ecke etwas dazu. Wegen des wechselhaften Wetters ist auch ihr Einkommen nicht gleichbleibend. Obwohl sie der Arbeitsgemeinschaft ein durchschnittliches monatliches Einkommen von 200 Euro mitgeteilt hat, geht diese in ihrem Bescheid von 400 Euro monatlich aus, „um Überzahlungen zu vermeiden".

Auch das ist rechtswidrig. Die Arbeitsgemeinschaft darf nicht fiktive 200 Euro, die Petra P. tatsächlich nicht zur Verfügung stehen, als Einkommen berücksichtigen. Petra P. wird mit ihrem Widerspruch gegen den Bescheid bzw. mit ihrem beim Sozialgericht eingereichten Antrag auf Erlass einer einstweiligen Anordnung Erfolg haben.

Es kommt immer wieder vor, dass die Behörde nachträglich der Auffassung ist, zuviel Hartz IV gezahlt zu haben.

Dann wird sie sich bemühen, das Geld zurückzubekommen. Ohne das Einverständnis des Empfängers darf sie jedoch nicht die Überzahlung aus der Vergangenheit von den Leistungen, die aktuell (und künftig) zustehen, abziehen, auch nicht in Raten.

Aufrechnung unzulässig

Nach § 51 Abs. 1 SGB I kann nämlich der zuständige Leistungsträger mit Ansprüchen gegen den Berechtigten nur aufrechnen, soweit die Ansprüche auf Geldleistungen pfändbar sind. Pfändbar sind diese Ansprüche wie Arbeitseinkommen. Die Pfändungsfreigrenze für Arbeitseinkommen liegt aber weit über dem Hartz -IV-Satz. Eine Aufrechnung ist daher nicht zulässig.

BEISPIEL

Weil es im Mai 2009 lange heiß war, hat Petra P. in der Eisdiele nicht die der Arbeitsgemeinschaft vorab mitgeteilten 200 Euro erhalten, sondern 380 Euro. Nachdem sie auch dies mitgeteilt hat, schreibt die Arbeitsgemeinschaft im neuen Bescheid für die Leistungen von Juni bis November 2009, sie behalte monatlich 30 Euro ein, um die Überzahlung zu tilgen. Das kann sich Petra P. nicht leisten. Sie legt Widerspruch gegen den Bescheid ein.

Die Arbeitsgemeinschaft darf nicht monatlich 30 Euro verrechnen. Eine Aufrechnung ist nicht zulässig. Petra P. hat auch nicht auf monatlich 30 Euro verzichtet. Ihr Widerspruch wird erfolgreich sein.

Aufhebungs- und Erstattungsbescheid

Richtigerweise müsste die Arbeitsgemeinschaft nach Anhörung des Betroffenen einen Aufhebungs- und Erstattungsbescheid erlassen, mit dem es Geld zurückfordert. Ein Widerspruch gegen einen solchen Bescheid hat aber aufschiebende Wirkung, so dass zunächst nichts zurückgezahlt werden müsste (Näheres ab Seite 122 bzw. Seite 124).

Ein an eine Bedarfsgemeinschaft gerichteter Aufhebungs- und Erstattungsbescheid muss zwischen den einzelnen Mitgliedern der Bedarfsgemeinschaft differenzieren. Es darf nicht von demjenigen Mitglied, an das der Bescheid adressiert ist, die gesamte Überzahlung zurückgefordert werden. Wer Antrag auf Leistungen nach dem SGB II gestellt hat, vertritt die anderen Mitglieder der Bedarfsgemeinschaft nur beim Beantragen und Entgegennehmen von Leistungen, nicht jedoch beim Entgegennehmen von Rückforderungen.

Jahresfrist für die Behörde

Die Behörde hat ab Kenntnis der maßgeblichen Tatsachen ein Jahr Zeit, den Bescheid, der zu hohe Leistungen bewilligt, zurückzunehmen.

BEISPIEL 1

Auch der Mai 2008 war heiß. Auch im Mai 2008 hatte Petra P. in der Eisdiele 180 Euro mehr, als der Arbeitsgemeinschaft vorab mitgeteilt, erhalten. Die Lohnabrechnung über den Monat Mai 2008 hatte Petra P. am 1. Juni 2008 bei der Arbeitsgemeinschaft abgegeben. Am 20. Mai 2009 erhält Petra P. einen Bescheid, der die Bewilligung von Leistungen für den Monat Mai 2008 teilweise aufhebt und Leistungen zurückfordert. Dem Bescheid lässt sich weder entnehmen, dass ein Teil der Rückforderung Petras minderjährige Tochter Paula betrifft, noch, wie hoch Paulas Anteil ist. Dieser Bescheid ist rechtswidrig.

Petra P. kennt die Jahresfrist und legt am 2. Juni 2009 Widerspruch gegen den Bescheid ein. Sie rügt, dass der gesamte Rückforderungsbetrag von ihr verlangt wird. Am 15.7.2009 erhält sie ein Schreiben der Behörde, dass der erste Bescheid aufgehoben werde, und einen Änderungsbescheid. In ihm heißt es nun ausdrücklich, dass sie im Hinblick auf die minderjährige Paula diesen Bescheid als Paulas gesetzliche Vertreterin erhält. Des Weiteren sind die auf sie und Paula entfallenden Rückforderungsbeträge beziffert.

Gegen diesen Bescheid wendet Petra P. ein, dass die Behörde die Ein-Jahres-Frist seit Kenntnis der maßgeblichen Tatsachen (Erhalt der Lohnabrechnung über Mai 2008 am 1. Juni 2008) versäumt hat.

Damit wird Petra P. Recht bekommen. Sie muss nichts zurückzahlen.

BEISPIEL 2

Petra P. erhält den Bescheid, der die Bewilligung von Leistungen für den Monat Mai 2008 teilweise aufhebt und Leistungen zurückfordert, bereits im März 2009. Sie erkennt, dass sie mit einem fristgerechten Widerspruch der Behörde Gelegenheit geben würde, innerhalb der Jahresfrist nachzubessern. Sie legt deshalb keinen Widerspruch gegen diesen Bescheid ein. Nach Erhalt einer Zahlungsaufforderung bittet sie um Stundung der Forderung oder zahlt kleine Raten, ausdrücklich ohne Anerkennung einer Rechtspflicht. Am 2. Juni 2009 beantragt sie bei der Arbeitsgemeinschaft, den Aufhebungs- und Rückforderungsbescheid zu überprüfen, weil die Behörde das Recht unrichtig angewandt hat.

Die Behörde muss den Bescheid aufheben. Für einen rechtmäßigen Aufhebungs- und Erstattungsbescheid ist es nun zu spät, die Ein-Jahres-Frist ist abgelaufen. Petra P. muss letztlich nichts zurückzahlen bzw. kann sich die gezahlten Raten erstatten lassen.

Wird ein Aufhebungs- und Erstattungsbescheid (weil er nicht angefochten wurde) bestandskräftig, kann die Arbeitsgemeinschaft die **Zwangsvollstreckung** betreiben. Für das Konto, auf das auch die Leistungen der Arbeitsgemeinschaft überwiesen werden, besteht jedoch ein gewisser Pfändungsschutz: Für die ersten sieben Tage ab Gutschrift der Leistungen sind diese nicht pfändbar. Innerhalb dieses Zeitraums kann die Bezieherin die an sie gezahlten Beträge abheben. Die Pfändung geht dann ins Leere.

Pfändungsschutz

TIPP

Weitere aktuelle Informationen zum Thema Hartz IV finden Sie im stern-Ratgeber „Hartz IV", ISBN 978-3-7093-0224-8, Linde, 4. Auflage 2010.

Ansprüche während der Ausbildung

Der Besuch von allgemeinbildenden Schulen ab der 10. Klasse, von Fachschulen, Berufsfachschulen, Schulen des Zweiten Bildungswegs, von Akademien und Hochschulen kann nach dem **Bundesausbildungsförderungsgesetz** (BAföG) gefördert werden.

Grundsätzlich kann nur die erste Ausbildung gefördert werden. Eine weitere Ausbildung nach einem Fachrichtungswechsel oder Ausbildungsabbruch ist nur unter einschränkenden Voraussetzungen möglich. Bei Studiengängen mit der Bachelor-Master-Struktur kann der auf den Bachelor-Abschluss folgende Master-Studiengang nur dann gefördert werden, wenn er auf einen Bachelor-Studiengang aufbaut.

BAfÖG

Ausbildungsförderung wird für den Lebensunterhalt und die Ausbildung geleistet. Das BAföG sieht einen pauschalen Bedarf vor. Auf diesen Bedarf sind Einkommen und Vermögen des Auszubildenden, Einkommen seines Ehegatten und seiner Eltern in dieser Reihenfolge anzurechnen. Einkommen der Eltern bleibt u. a. dann außer Betracht, wenn ihr Aufenthaltsort nicht bekannt ist oder sie rechtlich oder tatsächlich gehindert sind, im Inland Unterhalt zu leisten.

Für Auszubildende, die mit mindestens einem eigenen **Kind**, das das zehnte Lebensjahr noch nicht vollendet hat, in einem Haushalt leben, erhöht sich der Bedarfssatz pauschal ohne Nachweis entsprechender Betreuungskosten.

Erhöhung der BAföG-Sätze

Ab 1.10.2010 sollen die Fördersätze beim BAföG um 2 Prozent steigen, die **Elternfreibeträge** um 3 Prozent, bei Alleinerziehenden von derzeit 1.040 auf 1.070 Euro. Im Schnitt wird dadurch ein BAföG-Empfänger 13 Euro mehr im Monat erhalten. Der BAföG-Höchstsatz einschließlich Krankenversicherungszuschuss steigt von 648 auf 670 Euro. Die **Altersgrenze** bei der Förderung wird von bisher 30 auf 35 Jahre angehoben. Für Master-Studenten/Bachelorstudenten soll es damit möglich sein, nach einer ersten Berufsphase auch später noch in das Masterstudium einzusteigen. Wer bis zum 35. Lebensjahr ein Masterstudium beginnt, kann künftig noch die staatliche Förderung beziehen. Auch Kinderbetreuungszeiten sollen besser berücksichtigt werden.

Berufsausbildungsbeihilfe (BAB)

Die Teilnahme an einer beruflichen Ausbildung oder eine berufsvorbereitenden Bildungsmaßnahme kann von der Agentur für Arbeit durch Berufsausbildungsbeihilfe (BAB) gefördert werden.

Grundsätzlich ist Voraussetzung, dass der Auszubildende während der Ausbildung nicht bei seinen Eltern wohnen kann, weil der Ausbildungsbetrieb zu weit vom Elternhaus entfernt ist.

Das gilt nicht für Auszubildende, die 18 Jahre alt und verheiratet sind oder waren, mit mindestens einem Kind zusammenleben oder aus schwerwiegenden sozialen Gründen nicht auf die Wohnung der Eltern (oder eines Elternteils) verwiesen werden können.

Art der Unterbringung

Die Höhe der Berufsausbildungsbeihilfe ist abhängig von der Art der Unterbringung des Auszubildenden. Angerechnet werden das eigene Einkommen des Auszubildenden und das Jahreseinkommen der Eltern und des Ehegatten bzw. Lebenspartners, soweit es bestimmte Freibeträge übersteigt.

> **TIPP**
>
> Im Internet finden Sie einen BAB-Rechner unter www.babrechner.arbeitsagentur.de

Betreuungskosten

Zu den Weiterbildungskosten gehören auch diejenigen Kosten, die während der Teilnahme an der Weiterbildung für die Betreuung von aufsichtsbedürftigen Kindern entstehen. Aufsichtsbedürftig sind Kinder, die noch keine 15 Jahre alt sind.

Die Kosten übernimmt die Agentur für Arbeit in Höhe von 130 Euro monatlich je Kind, und zwar unabhängig von der Höhe der tatsächlich entstehenden Kosten.

Auszubildende, deren Ausbildung im Rahmen des Bundesausbildungsförderungsgesetzes oder der §§ 60–62 SGB III (dort ist die Berufsausbildungsbeihilfe geregelt) dem Grunde nach förderungsfähig ist, haben keinen Anspruch auf Leistungen zur Sicherung des Lebensunterhalts nach dem Sozialgesetzbuch II. Nur in besonderen Härtefällen, die praktisch kaum vorkommen, können Leistungen zur Sicherung des Lebensunterhalts gewährt werden, dann aber ausschließlich als Darlehen, also rückzahlbar.

Ausbildung förderungsfähig?

Es kommt in diesem Zusammenhang nicht darauf an, ob tatsächlich BAföG oder BAB bezogen werden. Maßgeblich ist allein, ob die Ausbildung dem Grunde nach förderungsfähig ist.

Zuschuss für Unterkunft und Heizung

Auszubildende, die BAföG oder BAB beziehen, können mit diesen Leistungen mitunter ihre (angemessenen) Kosten für Unterkunft und Heizung nicht vollständig decken. Dann können sie nach § 22 Abs. 7 SGB II einen Zuschuss zu ihren ungedeckten angemessenen Kosten für Unterkunft und Heizung von der zuständigen SGB-II-Arbeitsgemeinschaft erhalten.

Eine Entscheidung des Bundessozialgerichts zur Frage, ob bei der Berechnung dieses Zuschusses das Kindergeld als Einkommen des volljährigen Auszubildenden zu berücksichtigen ist, steht noch aus (Az. B 14 AS 23/09 R).

Kindererziehung: Berücksichtigung in der gesetzlichen Rentenversicherung

Kindererziehungszeiten können einen Anspruch auf Rente begründen. Um später Regelaltersrente erhalten zu können, muss mindestens die Mindestversicherungszeit von 60 Beitragsmonaten bestehen. Kindererziehungszeiten gelten als Beitragszeiten. Als Kindererziehungszeit gilt die Erziehung eines Kindes in dessen ersten drei Lebensjahren. Hiervon umfasst sind auch Adoptiv- oder Pflegekinder ab Adoption bzw. Aufnahme in den Haushalt.

Rentenanspruch

Kindererziehungszeiten für zwei Kinder (2 x 3 Jahre = 72 Monate) begründen einen Rentenanspruch, ohne dass tatsächlich eigene Beiträge eingezahlt wurden.

Voraussetzung ist, dass das Kind/die Kinder in Deutschland erzogen werden und sich dort auch gewöhnlich aufhalten.

Erfüllen Mütter oder Väter diese Mindestversicherungszeit alleine mit Kindererziehungszeiten nicht, können sie für die fehlenden Monate freiwillige Beiträge entrichten und die monatliche Höhe zwischen dem Mindest- (79,60 Euro monatlich) und dem Höchstbeitrag (1.074,60 Euro monatlich) wählen.

Wer hat erzogen?

Haben die Eltern das Kind gemeinsam erzogen, so können sie durch eine übereinstimmende Erklärung festlegen, bei wem die Kindererziehungszeit angerechnet werden soll. Sollen die

Erziehungszeiten dem Vater übertragen werden, so muss die übereinstimmende Erklärung unverzüglich beim Rentenversicherungsträger abgegeben werden. Das geht auch rückwirkend, höchstens jedoch für zwei Kalendermonate.

Anrechnung

Haben beide Elternteile das Kind erzogen, ist ohne übereinstimmende Erklärung die Erziehungszeit demjenigen zuzuordnen, der das Kind überwiegend erzogen hat. Die Erziehungszeit wird dann nur bei demjenigen Elternteil angerechnet. Wird keine anderweitige Erklärung von den Eltern abgegeben, werden die Zeiten bei der Mutter angerechnet. Dies ist auch dann so, wenn nicht feststellbar ist, welcher Elternteil überwiegend erzogen hat.

Berücksichtigungszeiten

Neben Beitragszeiten wegen Kindererziehung können auch sogenannte Berücksichtigungszeiten erworben werden. Diese Zeiten können u. a. zu einer günstigeren Bewertung weiterer Beitragszeiten und somit zu einer höheren Rente führen. Die Berücksichtigungszeit für Kindererziehung beginnt mit dem Tag der Geburt und endet nach zehn Jahren.

Antrag und Nachweis

Die Erziehung kann mit der entsprechenden Erklärung im Antrag auf Feststellung von Kindererziehungszeiten nachgewiesen werden. Außerdem muss mit der Geburtsurkunde/den Geburtsurkunden die Geburt des Kindes/der Kinder dokumentiert sein. Erzieht ein Stiefelternteil ein Kind, sind z. B. die Heiratsurkunde und eine Meldebescheinigung (wegen der Aufnahme in den Haushalt des Stiefelternteils) erforderlich, bei Erziehung eines Pflegekindes kann eine entsprechende Erklärung des Jugendamtes vorgelegt werden.

TIPP

Weitere Einzelheiten können Sie bei der Deutschen Rentenversicherung, im Internet unter „www.deutsche-rentenversicherung.de“, über die kostenlose Servicenummer der Deutschen Rentenversicherung (0800-10004800) oder bei den örtlichen Auskunfts- und Beratungsstellen erfahren.

Rechtsschutz

Widerspruch gegen Entscheidungen der Behörde

Gegen Bescheide (Verwaltungsakte) einer Behörde kann Widerspruch eingelegt werden. Ein Musterschreiben für einen Widerspruch finden Sie im Anhang.

Die Frist für das Einlegen des Widerspruchs (**Widerspruchsfrist**) beträgt einen Monat. Wenn die Widerspruchsfrist abgelaufen ist, ohne dass Widerspruch eingelegt wurde, wird die behördliche Entscheidung bestandskräftig. Sie kann dann mit Widerspruch nicht mehr angefochten werden.

Berechnung der Widerspruchsfrist

Die Widerspruchsfrist beginnt mit dem Zugang des Bescheids. Ein Bescheid gilt drei Tage, nachdem die Behörde ihn in die Post gegeben hat, als zugegangen. Ist der Bescheid tatsächlich später zugegangen, beginnt die Frist mit dem tatsächlichen Zugang. Sie endet mit Ablauf desjenigen Tages, der durch seine Zahl dem Tage des Zugangs entspricht. An Wochenenden oder Feiertagen läuft die Frist nicht ab. Sie endet dann erst mit Ablauf des nächsten Werktags.

BEISPIEL

Der Bescheid der Behörde datiert vom 15. März. Diesen Bescheid kann die Behörde frühestens am 15. März in die Post gegeben haben. Er gilt am 18. März als zugegangen. Ein Widerspruch müsste spätestens am 18. April bei der Behörde eingegangen sein.

Ist der Bescheid vom 15. März tatsächlich erst am 25. März zugegangen, endet die Widerspruchsfrist mit Ablauf des 25. April.

Ist der 25. April ein Samstag, Sonntag oder – in dem jeweiligen Bundesland oder bundesweit – Feiertag, endet die Frist mit Ablauf des nächsten Werktags.

Form des Widerspruchs

Der Widerspruch muss schriftlich oder zur Niederschrift bei der Behörde eingelegt werden. Eine E-Mail ist nicht ausreichend.

Schriftlich ist der Widerspruch eingelegt, wenn die Behörde einen (unterschriebenen) Brief erhält, aus dem sich ergibt, dass der Absender mit der Entscheidung nicht einverstanden ist.

Brief

Widerspruch kann auch per Fax-Schreiben eingelegt werden. Bei per Fax eingelegten Widersprüchen kommt es aber mitunter vor, dass die Behörde den Eingang eines Widerspruchs nicht nachvollziehen kann, weil z. B. bei einem PC-Fax die Datei gelöscht und deswegen nicht ausgedruckt wurde.

Fax

Bestreitet die Behörde den Eingang des Widerspruchs, muss der Absender den (rechtzeitigen) Eingang bei der Behörde nachweisen. Ein positiver Sendebericht über das Übermitteln per Fax ist hierfür nicht ausreichend. Nach der Rechtsprechung ist ein Fax-Schreiben erst bei der Behörde eingegangen, wenn es dort ausgedruckt wurde. Ob und falls ja, wann das der Fall war, wird sich im Zweifel durch einen Außenstehenden kaum nachweisen lassen.

Nachweis

Auch bei mit der Post verschickten Widersprüchen kommt es hin und wieder vor, dass die Behörde behauptet, der Widerspruch liege ihr nicht vor.

EXPERTENTIPP

Am sichersten ist es, wenn Sie das Widerspruchsschreiben persönlich bei der Behörde abgeben und sich den Eingang des Schreibens, z. B. durch einen Stempel, bestätigen lassen. Alternativ kann auch eine von Ihnen beauftragte Person den Widerspruch für Sie bei der Behörde einwerfen. Sie kann das dann im Streitfall bezeugen.

Manchmal kommt es vor, dass die Behörde nach Erhalt des Widerspruchs mitteilt, wenn binnen einer von ihr gesetzten Frist keine Begründung eingehe, betrachte sie die Angelegenheit als erledigt.

Das ist nicht zulässig. Das Widerspruchsschreiben muss keine Begründung enthalten. Auch ohne Begründung des Widerspruchs muss die Behörde den angefochtenen Bescheid vollständig überprüfen. Sie darf ohne Zustimmung des den Widerspruch Einlegenden das Widerspruchsverfahren nicht ruhen

Keine Begründung nötig

lassen und erst recht nicht davon ausgehen, der Widerspruch habe sich erledigt.

Untätigkeitsklage

Entscheidet sie über den Widerspruch ohne hinreichenden Grund binnen drei Monaten nicht, ist die sogenannte Untätigkeitsklage beim Sozialgericht zulässig, um die Behörde zum Handeln zu bewegen.

Ein Muster für eine Untätigkeitsklage finden Sie im Anhang.

Kosten eines Widerspruchs

Kosten fallen bei der Behörde für das Durchführen des Widerspruchsverfahrens nicht an. Auch dann, wenn die Behörde dem Widerspruch nicht stattgibt, ist das Widerspruchsverfahren bei der Behörde kostenfrei.

Die Betroffenen können grundsätzlich selbst Widerspruch einlegen und das Widerspruchsverfahren durchführen. Es ist jedoch bereits im Widerspruchsverfahren ratsam, einen Rechtsanwalt, am besten einen Fachanwalt für Sozialrecht, einzuschalten.

Aufschiebende Wirkung

Wenn Widerspruch gegen eine behördliche Entscheidung eingelegt wurde, stellt sich die Frage, wie es nun weitergeht, bis über den Widerspruch entschieden ist. Gilt die Entscheidung der Behörde bereits für die Dauer des Widerspruchsverfahrens oder erst, wenn über den Widerspruch entschieden ist? Das ist die Frage nach der aufschiebenden Wirkung des Widerspruchs.

Hierzu hat der Gesetzgeber entschieden (§ 86a des Sozialgerichtsgesetzes), dass ein Widerspruch grundsätzlich aufschiebende Wirkung hat. Der Inhalt des angefochtenen Bescheids entfaltet bis zur Entscheidung der Behörde über den Widerspruch keine Wirkung. Grundsätzlich gilt also bei eingelegtem Widerspruch die von der Behörde ausgesprochene Regelung noch nicht.

In anderen Fällen hat Widerspruch ausnahmsweise jedoch keine aufschiebende Wirkung, unter anderem:

- in Angelegenheiten der Bundesagentur für Arbeit bei Verwaltungsakten, die eine laufende Leistung entziehen oder herabsetzen,

- in anderen durch Bundesgesetz vorgeschriebenen Fällen (z. B. § 39 Nr. 1 SGB II bei Leistungen der Grundsicherung für Arbeitsuchende, Hartz IV; § 13 Abs. 2 BEEG bei Elterngeld).

BEISPIEL 1

Die getrennt lebende Petra P. ist schwanger. Sie bezieht von der Bundesagentur für Arbeit Arbeitslosengeld I. Als es Komplikationen in der Schwangerschaft gibt, bescheinigt der behandelnde Frauenarzt ihr ein absolutes Beschäftigungsverbot nach dem Mutterschutzgesetz. Nachdem Frau P. diese ärztliche Bescheinigung dem Arbeitsamt vorgelegt hat, erhält sie nach Anhörung von dort einen Bescheid. Das Arbeitsamt hebt die Bewilligung des Arbeitslosengeldes I auf, weil Frau P. aufgrund des Beschäftigungsverbots der Arbeitsvermittlung nicht mehr zur Verfügung stehe. Gegen diesen Bescheid legt Frau P. Widerspruch ein. Sie fragt sich, ob sie für die Dauer des Widerspruchsverfahrens Arbeitslosengeld I erhält.

Der Widerspruch hat aber hat keine aufschiebende Wirkung, weil er sich gegen einen Verwaltungsakt der Bundesagentur für Arbeit wendet, der eine laufende Leistung (Arbeitslosengeld I) entzieht. Petra P. erhält für die Dauer des Widerspruchsverfahrens das zuvor bewilligte Arbeitslosengeld nicht weiter.

BEISPIEL 2

Petra P., mittlerweile Mutter ihrer gesunden Tochter Paula, hat eine geringfügige Halbtagsbeschäftigung gefunden. Ergänzend bezieht sie für sich und ihre Tochter Leistungen der Grundsicherung für Arbeitsuchende nach dem Sozialgesetzbuch II (Hartz IV) von der zuständigen Arbeitsgemeinschaft. Diese hatte bei den bewilligten Leistungen den von Frau P. angegebenen Nebenverdienst zwei Monate lang nicht berücksichtigt. Nach Anhörung erhält Frau P. einen Bescheid, mit dem die Arbeitsgemeinschaft die Bewilligung von Leistungen für Frau P. und ihre Tochter für diese zwei Monate teilweise aufhebt und zurückfordert. Gegen den Bescheid legt Frau P. Widerspruch ein. Sie fragt sich, ob sie trotz des Widerspruchs den Erstattungsbetrag sofort bezahlen muss.

Dieser Widerspruch hat aufschiebende Wirkung. Zwar hat nach § 39 Nr. 1 SGB II Widerspruch gegen einen Verwaltungsakt, der Leistungen der Grundsicherung für Arbeitsuchende aufhebt, zurücknimmt, widerruft oder herabsetzt, ausnahmsweise keine aufschiebende Wirkung.

Frau P.s Widerspruch richtet sich aber gegen einen Bescheid, der Leistungen nicht nur aufhebt, sondern sie auch zurückfordert. Solche Verwaltungsakte sind in der Ausnahmeregelung des § 39 Nr. 1 SGB II nicht erwähnt.

Es bleibt daher bei der aufschiebenden Wirkung. Frau P. muss den Rückforderungsbetrag für die Dauer des Widerspruchsverfahrens nicht zurückzahlen.

EXPERTENTIPP

Wenn Sie gegen Bescheide, die eine zuvor bewilligte Leistung ganz oder teilweise aufheben und zurückfordern, Widerspruch einlegen, brauchen Sie den zurückgeforderten Betrag so lange nicht zurückzuzahlen, wie das Widerspruchsverfahren läuft. Das gilt im Übrigen auch für die Dauer eines sich anschließenden Klageverfahrens, in dem Sie die Rückforderung mit einer sogenannten Anfechtungsklage anfechten. Üblicherweise erhalten Sie dennoch bereits während der noch laufenden Widerspruchsfrist eine Zahlungsaufforderung. Nachdem Sie Widerspruch eingelegt haben, brauchen Sie ihr nicht nachzukommen. Betreibt die Behörde nach einem Widerspruch trotz der aufschiebenden Wirkung den Einzug der Forderung weiter (z. B. durch Mahnung und Vollstreckungsankündigung), können Sie mit einem Eilverfahren (Antrag auf Erlass einer einstweiligen Anordnung) vor dem Sozialgericht durchsetzen, dass die Behörde die aufschiebende Wirkung beachtet.

Widerspruchsbescheid

Soweit die Behörde der Auffassung ist, dass dem Widerspruch nicht stattgegeben werden könne, entscheidet sie förmlich über den Widerspruch. Diese Entscheidung heißt Widerspruchsbescheid. Der Widerspruchsbescheid enthält eine Rechtsbehelfsbelehrung, aus der sich ergibt, bei welchem Gericht bzw. Sozialgericht nun Klage erhoben werden kann (s. u.).

Überprüfungsantrag nach Ablauf der Widerspruchsfrist

Wie aber kommt man zu seinem Recht, wenn man eine behördliche Entscheidung nicht angefochten hatte und erst im Nachhinein erfährt, dass sie falsch war?

Überprüfungsantrag

In dieser Situation hilft die Vorschrift des § 44 SGB X. Dort ist der sogenannte Überprüfungsantrag geregelt.

§ 44 Absatz 1 Satz 1 SGB X lautet:

„Soweit sich im Einzelfall ergibt, dass bei Erlass eines Verwaltungsaktes das Recht unrichtig angewandt oder von einem Sachverhalt ausgegangen worden ist, der sich als unrichtig erweist, und soweit deshalb Sozialleistungen zu Unrecht nicht erbracht oder Beiträge zu Unrecht erhoben worden sind, ist der Verwaltungsakt, auch nachdem er unanfechtbar geworden ist, mit Wirkung für die Vergangenheit zurückzunehmen."

Die Behörde kann also durch einen Überprüfungsantrag dazu gebracht werden, rückwirkend für die Vergangenheit Leistungen nachzuzahlen, obwohl die alten Bewilligungsbescheide nicht mit Widerspruch angefochten worden waren.

EXPERTENTIPP

Wenn Sie erfahren, dass Ihnen in alten Bescheiden, gegen die Sie keinen Widerspruch eingelegt hatten, Sozialleistungen vorenthalten wurden, stellen Sie einen Überprüfungsantrag nach § 44 SGB X.

Ein Musterschreiben für einen Überprüfungsantrag finden Sie im Anhang.

BEISPIEL

Die alleinerziehende Mutter Petra P. beantragt erstmals am 15.6.2009 Leistungen der Grundsicherung für Arbeitsuchende (Hartz IV), für die Zeit ab dem 1.7.2009. Die Arbeitsgemeinschaft bewilligt ihr mit Bescheid vom 10.7.2009 Leistungen für die Zeit vom 1.7.2009 bis 31.12.2009, übersieht dabei aber den Mehrbedarf für Alleinerziehung. Petra P. übersieht das auch und legt gegen den Bescheid vom 10.7.2009 keinen Widerspruch ein. Sie erhält für sechs Monate zu wenig Geld.

Dieser Fehler fällt erst auf, als Petra P. am 31.12.2009 beim Stellen des Folgeantrags für die Zeit ab dem 1.1.2010 ihre kleine Tochter Paula dabei hat. Die Arbeitsgemeinschaft bewilligt daraufhin mit Bescheid vom 10.1.2010 für die Zeit vom 1.1.2010 bis 30.6.2010 höhere Leistungen, die auch den Mehrbedarf für Alleinerziehung enthalten.

Petra P. erhält diesen Bescheid am 15.1.2010. Sie fragt sich, ob sie den Mehrbedarf für Alleinerziehung nun auch noch für die Zeit von 1.7.2009 bis 31.12.2009 erhalten kann, obwohl sie gegen den Bescheid vom 10.7.2009 keinen Widerspruch eingelegt hatte.

Sie stellt bei der Arbeitsgemeinschaft einen Überprüfungsantrag im Hinblick auf den alten Bescheid (vom 10.7.2009).

Die Arbeitsgemeinschaft muss diesen Bescheid überprüfen. Schließlich nimmt sie ihn zurück und entscheidet, dass Petra P. auch für die Zeit vom 1.7.2009 bis 31.12.2009 Anspruch auf Mehrbedarf für Alleinerziehung hat. Petra P. bekommt den Mehrbedarf rückwirkend für die sechs Monate Juli bis Dezember 2009 nachgezahlt.

Rückwirkende Leistung

Leistungen für die Vergangenheit gibt es nach einem Überprüfungsantrag aber nicht unbegrenzt. Nach § 44 Absatz 4 SGB X werden Sozialleistungen längstens für einen Zeitraum von bis zu vier Jahren erbracht. Zurückgerechnet wird ab dem Beginn des Jahres, in dem die Rücknahme des alten Verwaltungsaktes erfolgt.

Wenn die Rücknahme auf Antrag erfolgt, wird ab Beginn des Jahres, in dem der Antrag gestellt wurde, zurückgerechnet. Das ermöglicht rückwirkende Leistungen sogar für mehr als vier Jahre.

BEISPIEL

Petra P. erhält Hartz IV-Leistungen bereits seit dem 1.1.2005. Seitdem fehlt auch der Mehrbedarf für Alleinerziehung. Das bemerkt sie, als sie am 31.12.2009 den Folgeantrag für die Zeit ab 1.1.2010 stellt. Am 31.12.2009 beantragt sie daher zugleich auch die Überprüfung aller vorherigen Bescheide.

Der Vierjahreszeitraum läuft – bei Überprüfungsantrag noch in 2009 – ab dem 1.1.2005. Petra P. erhält für die Zeit vom 1.1.2005 bis 31.12.2009 den Mehrbedarf für Alleinerziehung nachgezahlt.

Untätigkeitsklage vor dem Sozialgericht

Manchmal lassen sich Behörden mit der Bearbeitung eines gestellten Antrags oder eines eingelegten Widerspruchs grundlos Zeit. Die Bearbeitung erfolgt schleppend bis gar nicht. Dies gilt insbesondere für Überprüfungsanträge, mit denen sich Behörden mitunter schwertun.

Eine solche Untätigkeit der Behörde muss nicht tatenlos hingenommen werden. Für derartige Fälle gibt es in § 88 des Sozialgerichtsgesetzes (SGG) die sogenannte Untätigkeitsklage.

§ 88 Abs. 1 S. 1 SGG lautet:

„Ist ein Antrag auf Vornahme eines Verwaltungsakts ohne zureichenden Grund in angemessener Frist sachlich nicht beschieden worden, so ist die Klage nicht vor Ablauf von sechs Monaten seit dem Antrag auf Vornahme des Verwaltungsakts zulässig…"

§ 88 Abs. 2 SGG lautet:

„Das Gleiche gilt, wenn über einen Widerspruch nicht entschieden worden ist, mit der Maßgabe, dass als angemessene Frist eine solche von drei Monaten gilt."

Entscheidung beschleunigen

Antragsteller können die Behörde also dadurch, dass sie beim Sozialgericht eine Untätigkeitsklage einreichen, dazu bringen, über ihren Antrag, Überprüfungsantrag oder Widerspruch zu entscheiden. Entscheidet die Behörde über einen Antrag nicht, ist eine Untätigkeitsklage nach Ablauf von sechs Monaten zulässig. Entscheidet sie über einen Widerspruch nicht, ist Untätigkeitsklage nach Ablauf von drei Monaten zulässig.

Ein Muster für eine Untätigkeitsklage finden Sie im Anhang.

Untätigkeitsklage einzureichen kostet nichts (vgl. nächstes Unterkapitel „Klage vor dem Sozialgericht").

Klage vor dem Sozialgericht

Wenn die Behörde bei ihrer Auffassung bleibt und den Widerspruch abweist, erklärt sie das per **Widerspruchsbescheid**. Am Ende des Widerspruchsbescheids findet sich die Rechtsbehelfsbelehrung. Sie gibt an, vor welchem Gericht nun geklagt werden kann.

Aufgaben der Sozialgerichte

Die Sozialgerichte sind unter anderem zuständig für Klagen, in denen es um Angelegenheiten

- der gesetzlichen Rentenversicherung (z. B. Erwerbsminderungsrenten),
- der gesetzlichen Krankenversicherung, sozialen und privaten Pflegeversicherung,
- der gesetzlichen Unfallversicherung (z. B. Arbeitsunfälle und Berufskrankheiten),
- der Arbeitsförderung (Arbeitslosengeld I),
- der Grundsicherung für Arbeitsuchende (Arbeitslosengeld II, Hartz IV),
- nach dem Schwerbehindertengesetz (z. B. um einen Behindertenausweis) und
- der Sozialhilfe und des Asylbewerberleistungsgesetzes

geht.

Klageschrift

Eine Klageschrift muss einen bestimmten Inhalt haben. Sie muss den Kläger, den Beklagten und den Gegenstand des Klagebegehrens bezeichnen. Zur Bezeichnung des Beklagten genügt die Angabe der Behörde.

Das ist zunächst ausreichend. Es ist nicht notwendig, bereits mit dem Einlegen der Klage eine Klagebegründung vorzulegen. Klagebegründung und zur Begründung dienende Beweismittel können dem Sozialgericht nachgereicht werden.

Ein Muster für eine Klage finden Sie im Anhang.

Die Frist für das Einreichen der Klage (Klagefrist) beträgt wie die Widerspruchsfrist gegen einen Bescheid einer Behörde einen Monat. Die Klagefrist beginnt mit dem Zugang des Widerspruchsbescheids. Für Beginn und Ablauf der Klagefrist gilt grundsätzlich das Gleiche wie für die Widerspruchsfrist (s. o. unter „Widerspruch gegen Entscheidungen der Behörde", Seite 122).

Klagefrist

Das Klageverfahren vor den Sozialgerichten ist in mehrfacher Hinsicht bürgerfreundlich gestaltet:

Keine Gerichtskosten

Gerichtsgebühren fallen für in den genannten Versicherungszweigen (gesetzliche Renten-, Kranken- und Pflegeversicherung usw.) versicherte Kläger, Leistungsempfänger und behinderte Menschen nicht an.

Es ist also möglich, z. B. die gesetzlichen Sozialversicherungen, die für Arbeitslosengeld II (Hartz IV) zuständige Arbeitsgemeinschaft oder das Versorgungsamt zu verklagen, ohne dafür Gerichtsgebühren zahlen zu müssen.

Auch die verklagte Behörde kann vom Kläger keine Kosten verlangen. Das gilt auch dann, wenn die Klage ganz oder teilweise abgewiesen wird.

Vor den Sozialgerichten kann man sich selbst vertreten. Es herrscht kein Anwaltszwang. Das ist auch in der zweiten Instanz, vor den Landessozialgerichten, so. Erst für Verfahren vor dem höchsten deutschen Sozialgericht, dem Bundessozialgericht, benötigt man einen Prozessbevollmächtigten.

Amtsermittlung

Im sozialgerichtlichen Verfahren gilt der Amtsermittlungsgrundsatz. Das Sozialgericht ermittelt im Klageverfahren den Sachverhalt von sich aus („von Amts wegen"). Anders als in Klageverfahren vor den Zivilgerichten berücksichtigt das Gericht also nicht nur, was Kläger und beklagte Behörde vortragen, sondern auch, was es selbst ermittelt.

Das Ausmaß der Ermittlungen steht im pflichtgemäßen Ermessen des Gerichts. Der Umfang seiner Ermittlungen richtet sich nach dem Einzelfall und dem Vortrag der Beteiligten. Das Sozialgericht muss dabei aber nicht nach Tatsachen forschen, für die die Umstände des Einzelfalls keine Anhaltspunkte bieten. Es muss auch nicht ungefragt nach Fehlern außerhalb der vom Kläger angesprochenen Gesichtspunkte suchen, ohne dass der Kläger durch entsprechenden Vortrag die entscheidenden Gesichtspunkte konkretisiert. Ergeben sich aus den Akten keine Hinweise, ist das Gericht nicht verpflichtet, von sich aus allen denkbaren (Sachverhalts-)Möglichkeiten nachzugehen.

Rechtsanwalt

Für eine Klage ist es deshalb ratsam, einen Rechtsanwalt, am besten einen Fachanwalt für Sozialrecht, einzuschalten. Er ist mit den Verfahrensvorschriften des Sozialgerichtsgesetzes und den verschiedenen Rechtsgebieten des Sozialrechts vertraut. Er kann anhand der Angaben und des Akteninhalts überprüfen, ob die Behörde z. B. Fristen versäumt, entscheidende Gesichtspunkte nicht berücksichtigt, falsche Berechnungen vorgenommen oder das Recht unrichtig angewandt hat, und im Klageverfahren entsprechend vortragen. Das Gericht wird dann im Wege der Amtsermittlung Unterlagen beiziehen, Auskünfte einholen oder Zeugen vernehmen.

In Klageverfahren, in denen medizinische Gesichtspunkte eine Rolle spielen (z. B. in Klagen um Rente, Krankengeld oder um die Schwerbehinderteneigenschaft) ziehen die Sozialgerichte zunächst – nach Einverständnis der Klägerin oder des Klägers – ärztliche Unterlagen bei.

Medizinisches Gutachten

Es werden zudem auch medizinische Sachverständigengutachten eingeholt. Geschieht dies im Wege der Amtsermittlung auf Veranlassung des Gerichts, entstehen dem Kläger auch für die Gutachten keine Kosten. Der Sachverständige wird in diesem Fall vom Gericht bezahlt.

Auch wenn das Gericht der Ansicht ist, ein (weiteres) Gutachten sei nicht erforderlich, kann die Klägerin durchsetzen, dass auf ihren Antrag ein (weiteres) Gutachten eingeholt wird. Diese Möglichkeit steht in § 109 Abs. 1 des Sozialgerichtsgesetzes (SGG):

> *„Auf Antrag des Versicherten, des behinderten Menschen, des Versorgungsberechtigten oder Hinterbliebenen muss ein bestimmter Arzt gutachtlich gehört werden. Die Anhö-*

rung kann davon abhängig gemacht werden, dass der Antragsteller die Kosten vorschießt und vorbehaltlich einer anderen Entscheidung des Gerichts endgültig trägt.“

In einem solchen Antrag auf Einholen eines Gutachtens sollte der Arzt mit Namen und Anschrift benannt sein.

Ein Muster für einen solchen Antrag finden Sie im Anhang.

Kostenvorschuss

Das Sozialgericht macht das Einholen eines Gutachtens nach § 109 SGG regelmäßig davon abhängig, dass zuvor ein Kostenvorschuss eingezahlt wird. Diese Kosten übernimmt die Rechtsschutzversicherung, soweit die Klägerin über eine solche verfügt.

BEISPIEL

Rita R. leidet unter chronischen Schmerzen. Sie klagt vor dem Sozialgericht gegen die Deutsche Rentenversicherung auf Rente wegen Erwerbsminderung. Hierfür hat die Rechtsschutzversicherung von Frau R. Deckungszusage erteilt.

Das Sozialgericht hat von Amts wegen ein orthopädisches Gutachten eingeholt. Nach dem Ergebnis dieses Gutachtens kann Rita R. aus orthopädischer Sicht noch mehr als sechs Stunden am Tag arbeiten, hätte also keinen Rentenanspruch. Weil der Orthopäde angegeben hat, aus seiner Sicht seien weitere Begutachtungen auf anderen Fachgebieten nicht erforderlich, hält auch das Sozialgericht den Sachverhalt für vollständig ermittelt und möchte weitere Ermittlungen nicht vornehmen.

Rita R. erkundigt sich bei ihrem Hausarzt nach einem Spezialisten für Schmerzbehandlung. Dann beantragt sie bei Gericht, dass der auf die Behandlung von Schmerzen spezialisierte Professor Dr. X aus der örtlichen Uni-Klinik ein spezielles Schmerzgutachten einholen soll.

Das Gericht muss dieses Gutachten einholen. Den vom Sozialgericht angeforderten Vorschuss von (z. B.) 1.500 Euro übernimmt die Rechtsschutzversicherung. Wenn das Schmerzgutachten den Nachweis erbringt, dass Rita R. wegen der andauernden Schmerzen nicht mehr in der Lage ist zu arbeiten, erhält sie ihre Rente.

EXPERTENTIPP

Wenn das Sozialgericht im Klageverfahren keine medizinischen Ermittlungen mehr vornehmen möchte, Sie aber nicht alle medizinischen Gesichtspunkte berücksichtigt sehen, beantragen Sie, dass ein Gutachten nach § 109 SGG eingeholt wird. Die Kosten hierfür übernimmt die Rechtsschutzversicherung.

Sie können bei Gericht beantragen, dass die von Ihnen (bzw. der Rechtsschutzversicherung) vorschussweise getragenen Kosten auf die Staatskasse übernommen werden. Voraussetzung dafür, dass das Gericht dies beschließt, ist, dass das Gutachten für die gerichtliche Entscheidung bzw. für die Verfahrensbeendigung bedeutend geworden bzw. die Aufklärung objektiv gefördert hat.

Das ist nicht nur dann der Fall, wenn der Rechtsstreit nach Vorliegen des Gutachtens gewonnen wurde. Den Rechtsstreit gefördert haben kann das Gutachten auch, wenn es geklärt hat, dass auch unter Berücksichtigung seiner neuen Gesichtspunkte ein Anspruch nicht besteht und die Klage deswegen zurückgenommen wurde. Auch kann es den Rechtsstreit gefördert haben, wenn es weitere Beweiserhebungen von Amts wegen erforderlich gemacht hat und die abweichenden Erkenntnisse des Gutachtens nach § 109 durch das anschließend von Amts wegen eingeholte Gutachten bestätigt wurden.

BEISPIEL

Rita R. möchte, dass ihre Rechtschutzversicherung die für das Gutachten des Herrn Prof. Dr. X gezahlten 1.500 Euro von der Staatskasse zurückerhält. Sie beantragt bei Gericht, dass die Kosten für das Gutachten auf die Staatskasse übernommen werden. Zur Begründung weist sie darauf hin, dass die Rentenversicherung nach Vorliegen des Gutachtens den Rentenanspruch anerkannt hat. Das Sozialgericht beschließt, dass die Kosten für das Gutachten auf die Staatskasse übernommen werden und erstattet den gesamten Vorschuss.

Hat das Gutachten frühere Gutachten nur bestätigt, kommt eine Übernahme der Kosten auf die Staatskasse in der Regel aber nicht in Betracht.

EXPERTENTIPP

Beantragen Sie beim Sozialgericht, dass die Kosten für das Gutachten auf die Staatskasse übernommen werden, wenn das auf Ihren Antrag eingeholte Gutachten den Rechtsstreit gefördert hat. Dann können die Kosten des Gutachtens erstattet werden.

Ein entsprechendes Musterschreiben finden Sie im Anhang.

Sozialgerichtliches Eilverfahren (Antrag auf Erlass einer einstweiligen Anordnung)

Klageverfahren vor den Sozialgerichten können lange dauern. So wurden (Stand 2/2008) Verfahren an den sieben hessischen Sozialgerichten im Durchschnitt nach 14,7 Monaten abgeschlossen, am Hessischen Landessozialgericht nach 13,4 Monaten. Im Jahr 2009 waren an den sieben hessischen Sozialgerichten 24.300 neue Verfahren eingegangen. In anderen Bundesländern ist die Situation nicht anders.

Eilverfahren

Wenn Eilbedürftigkeit gegeben ist, z. B. weil die Behörde Hartz IV-Leistungen nicht vollständig oder überhaupt nicht bezahlt, kann eine schnellere gerichtliche Entscheidung durch ein Eilverfahren erwirkt werden. Dazu muss beim Sozialgericht der Erlass einer einstweiligen Anordnung beantragt werden.

Eilbedürftigkeit

Die Verfahren sind zulässig, wenn ein bestimmtes Anliegen konkret beschrieben wird und eine Entscheidung über das Anliegen eilbedürftig ist. Eilbedürftigkeit liegt vor, wenn der Antragstellerin ohne die Gewährung vorläufigen Rechtsschutzes schwere und unzumutbare, anders nicht abwendbare Beeinträchtigungen entstehen können, die durch das Hauptsacheverfahren nicht mehr beseitigt werden können.

Insbesondere, wenn es um Hartz IV geht, wird Eilbedürftigkeit regelmäßig zu bejahen sein. Denn diese Leistungen werden sofort gebraucht, um leben zu können.

Leistungen können im sozialgerichtlichen Eilverfahren immer nur ab Eingang des Eilantrags bei Gericht zugesprochen werden, weil mit ihnen die aktuelle Notlage behoben werden soll. Die Zeit vorher ist Gegenstand des Widerspruchsverfahrens und des „normalen" Klageverfahrens.

Nachweise

Der Vortrag im Eilverfahren sollte durch Vorlegen von Urkunden bzw. Schriftstücken und/oder einer eidesstattlichen Versicherung glaubhaft gemacht werden. Das Gericht entscheidet in der Regel ohne mündliche Verhandlung durch Beschluss.

Ein Muster für einen Eilantrag finden Sie im Anhang.

Kosten, Rechtsschutzversicherung, Prozesskosten- und Beratungshilfe

Auch eine **Rechtsschutzversicherung** wird nur ausnahmsweise die Tätigkeit eines Rechtsanwalts im Widerspruchsverfahren bezahlen. Sozialrechtliche Angelegenheiten sind in der Regel bei den Rechtsschutzversicherern erst versichert, wenn eine Klage vor dem Sozialgericht erhoben ist. Das einer Klage vorangehende Widerspruchsverfahren ist regelmäßig nicht rechtsschutzversichert.

Beratungshilfe

Ist jemand nach seinen persönlichen und wirtschaftlichen Verhältnissen nicht in der Lage, einen Rechtsanwalt im Widerspruchsverfahren zu bezahlen, kann er für die Rechtsanwaltsgebühren die sogenannte Beratungshilfe nach dem Beratungshilfegesetz beantragen. Der Antrag ist bei dem für den Wohnsitz örtlich zuständigen Amtsgericht zu stellen.

In den Ländern Bremen und Hamburg gibt es stattdessen die öffentliche Rechtsberatung. Dort besteht deswegen nicht die Möglichkeit, Beratungshilfe nach dem Beratungshilfegesetz zu beantragen. Auskunft erteilt in Bremen die Arbeitnehmerkammer, in Hamburg sind es die öffentlichen Rechtsauskunfts- und Vergleichsstellen. In Berlin kann zwischen einer öffentlichen Rechtsberatung und Beratungshilfe durch einen Rechtsanwalt gewählt werden.

Beratungshilfe kann – anders als der Name vermuten lässt – nicht nur für eine Beratung durch einen Rechtsanwalt gewährt werden, sondern auch dafür, dass der Rechtsanwalt Sie gegenüber der Behörde vertritt.

Die Amtsgerichte lehnen Beratungshilfe ab, wenn der Antrag auf Beratungshilfe ein Datum trägt, das nach dem Tag der Beratung/dem Beginn der Vertretung durch den Rechtsanwalt liegt. Ein solcher Antrag sei nachträglich erfolgt, weshalb auf ihn Beratungshilfe nicht bewilligt werden könne.

EXPERTENTIPP

Beantragen Sie bei dem Amtsgericht Beratungshilfe, *bevor* Sie den Rechtsanwalt aufsuchen.

Unschädlich ist es aber, einen Antrag auf Beratungshilfe nach der Beratung/dem Beginn der Vertretung beim Amtsgericht einzureichen, wenn der Antrag das Datum der Beratung/des Beginns der Vertretung trägt.

Anwaltliche Hilfe

Weitere Voraussetzung für Beratungshilfe ist, dass anwaltliche Hilfe erforderlich ist. Lange Zeit haben Amtsgerichte die Erforderlichkeit anwaltlicher Vertretung verneint, weil die Antragsteller (auf Beratungshilfe) sich auch – kostenfrei – bei gerade den Behörden, deren Entscheidungen sie anfechten wollen, beraten lassen könnten.

Der genannten Praxis der Amtsgerichte hat das Bundesverfassungsgericht aber durch seine Entscheidung vom 11. Mai 2009 (Az.: 1 BvR 1517/08, zu einem Hartz IV-Widerspruchsverfahren) einen Riegel vorgeschoben. Es hat entschieden, dass die Amtsgerichte Beratungshilfe nicht mit der genannten Begründung verweigern und die Antragsteller auch nicht stattdessen auf eine Beratung gerade durch den Verfahrensgegner verweisen dürfen:

„Es kann der Beschwerdeführerin nicht zugemutet werden, den Rat derselben Behörde in Anspruch zu nehmen, deren Entscheidung sie angreifen will.“ (Bundesverfassungsgericht vom 11.5.2009, 1 BvR 1517/08).

Dieser erfreulich klaren Aussage ist im Prinzip nichts hinzuzufügen.

EXPERTENTIPP

Legen Sie zunächst selbst bei der Behörde Widerspruch gegen den Bescheid, mit dem Sie nicht einverstanden sind, ein. Beantragen Sie danach mit einer Kopie des Widerspruchsschreibens beim Amtsgericht Beratungshilfe für eine Vertretung durch einen Rechtsanwalt. Begründen Sie den Antrag auf Beratungshilfe damit, dass der bereits durch Sie eingelegte Widerspruch nun begründet werden muss, wofür Sie einen Rechtsanwalt benötigen. Der Rechtspfleger beim Amtsgericht muss die Erforderlichkeit anwaltlicher Vertretung bejahen und Beratungshilfe bewilligen. (Gegen eine dennoch ablehnende Entscheidung ist ein Rechtsmittel möglich).

Kosten

Wenn Beratungshilfe bewilligt wird, kann der Rechtsanwalt von der Beratungswilligen noch 10 Euro verlangen. In Notfällen kann er diese 10 Euro auch erlassen.

Ist jemand nicht im Sinne der Beratungshilfe bedürftig und hat auch keine Rechtschutzversicherung, die (ausnahmsweise) Rechtsanwaltsgebühren auch für ein Widerspruchsverfahren bezahlt, gehen die Rechtsanwaltsgebühren zulasten des Klienten oder der Klientin.

Allerdings hat die Behörde, die den angefochtenen Bescheid erlassen hat, Rechtsanwaltsgebühren insoweit zu tragen, wie das Widerspruchsverfahren erfolgreich und das Hinzuziehen eines Bevollmächtigten notwendig war. Bei ganz oder teilweise erfolgreichem Widerspruch kann also im Hinblick auf Rechtsanwaltsgebühren ein Kostenerstattungsanspruch gegen die Gegenseite bestehen.

Schließt sich an das Widerspruchsverfahren ein Klageverfahren an, wird bei dessen Abschluss eine Kostenentscheidung getroffen, die auch die Kosten des Widerspruchsverfahrens umfasst. In diesen Fällen steht erst nach Abschluss des Klageverfahrens fest, wer die Kosten des Widerspruchsverfahrens endgültig trägt.

Rechtsschutz

Rechtsschutzversicherungen, bei denen Sozialrecht umfasst ist, übernehmen die Rechtsanwaltsgebühren für ein Klageverfahren. Es besteht regelmäßig Sozialgerichts-Rechtsschutz. Versichert sind Verfahren vor deutschen Sozialgerichten.

Sie können sich selbst an die Rechtsschutzversicherung wenden und mit der von ihr erteilten Deckungszusage einen Rechtsanwalt bzw. Fachanwalt Ihrer Wahl aufsuchen, den Sie mit der Klage beauftragen möchten.

Alternativ können Sie auch gleich den Rechtsanwalt bzw. Fachanwalt aufsuchen und diesen bitten, für die beabsichtigte Klage zunächst eine Deckungsanfrage an die Rechtsschutzversicherung zu stellen. Üblicherweise wird der Rechtsanwalt für diese eigentlich gebührenauslösende Tätigkeit keine Gebühren verlangen.

Voraussetzungen

Nach den Versicherungsbedingungen der Rechtsschutzversicherer kann Deckungsschutz gewährt werden, wenn die folgenden Voraussetzungen vorliegen:

- Es muss ein Versicherungsfall eingetreten sein, der im rechtsschutzversicherten Zeitraum – also auch nicht mehr in einer eventuellen Wartezeit – liegt;
- die sogenannte streitauslösende Willenserklärung muss im versicherten Zeitraum liegen
- und die Klage muss hinreichende Aussicht auf Erfolg haben.

„Versicherungsfall“ ist der (behauptete) Verstoß gegen Rechtsvorschriften oder -pflichten.

Die „streitauslösende Willenserklärung“ ist der Antrag auf Leistungen der Behörde.

Hinreichende Aussicht auf Erfolg wird von den Rechtsschutzversicherern in der Regel unproblematisch bejaht.

BEISPIEL

Petra P. hat am 1.3.2009 ihre erste Rechtsschutzversicherung, bei der ab einem Klageverfahren auch Sozialrecht versichert ist, abgeschlossen. Die Rechtsschutzversicherung tritt erst nach einer dreimonatigen Wartezeit ein. Am 15.6.2009 muss Petra P. Leistungen zur Sicherung des Lebensunterhalts (Hartz IV) beantragen. Mit Bescheid vom 10.7.2009 bewilligt die Behörde zwar Leistungen. Sie übernimmt aber zu wenig Miete, weil sie meint, die Wohnung sei unangemessen teuer. Den hiergegen eingelegten Widerspruch hat die Behörde mit Widerspruchsbescheid abgelehnt. Petra P. möchte nun klagen. Sie fragt sich, ob ihre Rechtsschutzversicherung Deckungszusage für das Klageverfahren erteilen würde.

Für die Rechtsschutzversicherung ist der Versicherungsfall am 10.7.2009, dem Datum des angefochtenen Bescheids, eingetreten. Dieses Datum liegt im rechtsschutzversicherten Zeitraum, weil der Vertrag zu diesem Zeitpunkt schon abgeschlossen und die dreimonatige Wartezeit bereits verstrichen war.

Auch die streitauslösende Willenserklärung liegt innerhalb des versicherten Zeitraums, weil Petra P.s Antrag auf Leistungen vom 15.6.2009, und damit später als drei Monate nach Vertragsbeginn, in der Rechtsschutzversicherung datiert.

Die Rechtsschutzversicherung wird Petra P. für ihre beabsichtigte Klage eine Deckungszusage erteilen.

Bei einem nur geringfügig anderen Sachverhalt kann das Ergebnis aber auch ganz anders ausfallen. Der Bescheid der Behörde ist nämlich nicht immer auch zugleich der Versicherungsfall.

Fordert die Behörde zum Beispiel mit ihrem Bescheid Leistungen für einen in der Vergangenheit liegenden Zeitraum zurück, weil der Leistungsempfänger zu berücksichtigendes Nebeneinkommen nicht angegeben hat, ist der Versicherungsfall nicht der Bescheid der Behörde. Den behaupteten Rechtsverstoß hat der Leistungsempfänger zu einem anderen Zeitpunkt begangen, nämlich, als er erstmals sein Nebeneinkommen nicht angegeben hat. Der Versicherungsfall liegt daher in der Vergangenheit.

Liegt er auch vor Vertragsbeginn oder in der Wartezeit der aktuellen Rechtsschutzversicherung, kommt Deckungsschutz nur dann in Betracht, wenn zuvor nahtlos eine andere Rechtsschutzversicherung bestand, bei der Sozialrecht ebenfalls versichert war.

BEISPIEL

In der gleichen Konstellation wie in dem vorangegangenen Beispiel hebt die Behörde mit Bescheid vom 10.7.2009 Leistungen für den Monat Februar 2009 auf und fordert sie von Petra P. zurück. Sie soll in diesem Monat eine Aushilfstätigkeit in einer Pizzeria ausgeübt und Nebeneinkommen erzielt, diese Umstände aber nicht angegeben haben.

Hier ist der Versicherungsfall in der Rechtschutzversicherung der behauptete Rechtsverstoß von Frau P. und zwar dadurch, dass sie ihre Nebentätigkeit nicht angezeigt hat. Dieser behauptete Verstoß fand im Februar 2009 statt. Auch der Versicherungsfall ist daher im Februar 2009 und somit vorvertraglich eingetreten.

Die Rechtsschutzversicherung wird Deckungsschutz für diese Klage nicht erteilen. (Petra P. kann für ihre Klage aber Prozesskostenhilfe beantragen, s. u.).

War Petra P. bis zum Vertragsbeginn in ihrer aktuellen Rechtsschutzversicherung bei einer anderen Versicherungsgesellschaft versichert, ebenfalls mit Sozialrecht, kommt Deckungsschutz für die Klage vor dem Sozialgericht wiederum in Betracht.

Ob Rechtsanwaltsgebühren für das Widerspruchsverfahren ausnahmsweise von der Rechtsschutzversicherung übernommen werden können, kann im Zweifel bei der Rechtschutzversicherung erfragt werden.

Prozesskostenhilfe

Haben Sie keine Rechtschutzversicherung, kann Ihr Rechtsanwalt beantragen, dass Ihnen für Ihre Klage die sogenannte Prozesskostenhilfe bewilligt und er Ihnen als Prozessbevollmächtigter beigeordnet wird.

Bedürftigkeit

Die Bewilligung von Prozesskostenhilfe setzt voraus, dass jemand aufgrund seiner persönlichen und wirtschaftlichen Verhältnisse bedürftig ist, die Klage hinreichende Aussicht auf Erfolg hat und nicht mutwillig erscheint.

Entscheidender Zeitpunkt für die Beurteilung der Erfolgsaussicht ist dabei grundsätzlich der Zeitpunkt, in dem das Gericht über die Prozesskostenhilfe entscheidet.

Als bedürftig gilt, wer nach seinen persönlichen und wirtschaftlichen Verhältnissen außer Stande ist, die Kosten der Prozessführung auch nur zum Teil oder in Raten aufzubringen. Dies muss dem Gericht mit einem dafür vorgesehenen Formular („Erklärung über die persönlichen und wirtschaftlichen Verhältnisse“) nachgewiesen werden. Das Formular erhalten Sie bei Gericht oder auch bei Ihrem Rechtsanwalt.

Formular

Das Gericht ermittelt anhand der Angaben auf dem Formular und anhand der beigefügten Unterlagen Einkünfte und das zumutbar verwertbare Vermögen.

Vermögen

Zum Vermögen zählen auch Ansprüche gegen eine Rechtsschutzversicherung, eine Gewerkschaft oder eine Vereinigung, bei der Mitgliedschaft besteht und die Prozessvertretung bietet (wie z. B. der Sozialverband VdK).

Besteht eine Rechtsschutzversicherung, mit der aber eine Selbstbeteiligung vereinbart wurde, kommt Prozesskostenhilfe mit der Maßgabe in Betracht, dass die Vergütung des beigeordneten Rechtsanwalts bis zu dem Betrag der vereinbarten Selbstbeteiligung übernommen wird.

Sind Sie Mitglied in der Gewerkschaft, dem Sozialverband VdK oder einer anderen Vereinigung, die Sie in einer Klage vor dem Sozialgericht vertreten kann, kommt Prozesskostenhilfe nur ausnahmsweise in Frage. Eine solche Ausnahme kann gegeben sein, wenn es Ihnen aus triftigen Gründen im Einzelfall unzumutbar ist, den Ihnen dort zustehenden Rechtsschutz in Anspruch zu nehmen. Allein negative Erfahrungen mit Gewerkschaft, VdK usw. aus einem früheren Rechtsstreit reichen dafür aber nicht aus.

Ob Prozesskostenhilfe gewährt wird, ist von der Höhe des Einkommens der Klägerin abhängig. Hierzu verweist das Sozialgerichtsgesetz auf die **Zivilprozessordnung**. Dort gibt es eine Tabelle:

Freibeträge

Von dem Einkommen sind Freibeträge abzusetzen.

Aktuell (bis 30.6.2010) sind dies für

- eine Prozesspartei mit Einkommen aus Erwerbstätigkeit 180 Euro
- eine Prozesspartei und ihren Ehegatten/Lebenspartner 395 Euro
- jede weitere Person, der die Partei aufgrund gesetzlicher Unterhaltspflicht Unterhalt leistet 276 Euro

Von dem nach diesen Abzügen verbleibenden einzusetzenden Einkommen sind höchstens 48 Monatsraten aufzubringen, und zwar bei einem

einzusetzenden Einkommen (Euro)	eine Monatsrate von (Euro)
bis 15	0
50	15
100	30
150	45
200	60
250	75
300	95
350	115
400	135
450	155
500	175
550	200
600	225
650	250
700	275
750	300
über 750	300 zuzüglich des 750 übersteigenden Teils des einzusetzenden Einkommens.

Bedürftigkeit

In Angelegenheiten um Leistungen der Grundsicherung für Arbeitsuchende (Hartz IV) ist Bedürftigkeit regelmäßig gegeben.

In diesen Fällen ist es in der Regel auch leichter, dem Sozialgericht Bedürftigkeit nachzuweisen. Den Sozialgerichten reicht es mitunter aus, wenn mit der Erklärung über die persönlichen und wirtschaftlichen Verhältnisse der aktuelle Bewilligungsbescheid der Arbeitsgemeinschaft eingereicht wird. Weitere (Einkommens-)Nachweise brauchen oft nicht vorgelegt zu werden.

Erfolgsaussicht

Ob die Klage hinreichende Aussicht auf Erfolg hat, kann das Gericht am besten nach Einreichen einer Klagebegründung beurteilen. An die Erfolgsaussicht dürfen keine überspannten Anforderungen gestellt werden. Sie ist nach der Rechtsprechung gegeben, wenn der Rechtsstandpunkt des Klägers vertretbar ist und die behaupteten anspruchsbegründenden Tatsachen nachweisbar erscheinen. Ausreichend ist in der Regel, wenn das Gericht eine weitere Beweiserhebung von Amts wegen für notwendig hält.

Prozesskostenhilfe muss für jede Instanz gesondert beantragt werden.

Wenn der Gegner ein Rechtsmittel, z. B. zu einem Landessozialgericht, eingelegt hat, ist die Erfolgsaussicht der Klage in dem höheren Rechtszug nicht mehr zu prüfen. Hat der Kläger den Prozess in erster Instanz vor dem Sozialgericht gewonnen und hat die Behörde Berufung zum Landessozialgericht eingereicht, wird ohne weiteres davon ausgegangen, dass für ihn auch in der Berufungsinstanz hinreichende Erfolgsaussicht besteht.

Mutwilligkeit

Die Rechtsverfolgung darf schließlich nicht mutwillig erscheinen. Dies spielt in der Praxis eine untergeordnete Rolle.

Liegen die genannten Voraussetzungen vor, bewilligt das Gericht Prozesskostenhilfe. Wenn Sie die Klage zunächst selbst eingelegt und Ihnen Prozesskostenhilfe bewilligt ist, Sie aber keinen Rechtsanwalt kennen, der als Prozessbevollmächtigter beigeordnet werden soll, können Sie das Gericht mit der

Auswahl eines Rechtsanwalts beauftragen. Haben Sie dem Gericht einen Rechtsanwalt benannt oder hat Ihr Rechtsanwalt den Antrag gestellt, wird der Rechtsanwalt Ihnen als Prozessbevollmächtigter beigeordnet.

Wenn Prozesskostenhilfe bewilligt ist, steht fest, dass die Rechtsanwaltsgebühren über die Prozesskostenhilfe bezahlt werden. Sie müssen für das Klageverfahren nichts bezahlen.

Es gibt jedoch eine **Ausnahme**:

Wenn ein von Ihnen benannter Arzt im Klageverfahren auf Ihren Antrag ein ärztliches Gutachten erstattet, werden die Kosten für dieses Gutachten von der Prozesskostenhilfe nicht übernommen (vgl. unten zu § 109 des Sozialgerichtsgesetzes). Besteht Rechtschutz, würde die Rechtschutzversicherung auch diese Kosten übernehmen.

Anhang

Düsseldorfer Tabelle

Stand: 1.1.2010

	Nettoeinkommen des Barunterhaltspflichtigen (Anm. 3, 4)	Altersstufen in Jahren (§ 1612 a Abs. 1 BGB)				Prozentsatz	Bedarfskontrollbetrag (Anm. 6)
		0 – 5	6 – 11	12 – 17	ab 18		
Alle Beträge in Euro							
1.	bis 1.500	317	364	426	488	100	770/900
2.	1.501 - 1.900	333	383	448	513	105	1.000
3.	1.901 - 2.300	349	401	469	537	110	1.100
4.	2.301 - 2.700	365	419	490	562	115	1.200
5.	2.701 - 3.100	381	437	512	586	120	1.300
6.	3.101 - 3.500	406	466	546	625	128	1.400
7.	3.501 - 3.900	432	496	580	664	136	1.500
8.	3.901 - 4.300	457	525	614	703	144	1.600
9.	4.301 - 4.700	482	554	648	742	152	1.700
10.	4.701 - 5.100	508	583	682	781	160	1.800
	ab 5.101	nach den Umständen des Falles					

Die Düsseldorfer Tabelle – hier ohne weitere Anmerkungen und Zahlen – wird jedes Jahr zum 1.1. aktualisiert.

* Unterhalt entsprechend der Düsseldorfer Tabelle bedeutet keineswegs, dass immer der für eine Einkommens- und Altersstufe ausgewiesene Tabellenbetrag anzusetzen ist. Bei Überlastung des zum Unterhalt verpflichteten Elternteils – beispielsweise bei vielen Kindern – werden die Beträge reduziert. In diesem Zusammenhang spielt der „Bedarfskontrollbetrag" (Betrag, der dem Unterhaltsschuldner verbleiben soll) in der rechten Spalte eine Rolle. Der Bedarfskontrollbetrag darf nicht mit dem Selbstbehalt verwechselt werden – er definiert nicht das Minimum, das der Unterhaltsschuldner benötigt, sondern dient einer ausgewogenen Verteilung der verfügbaren Mittel. Er ist nur in einigen Oberlandesgerichtsbezirken als Entscheidungsgrundlage anerkannt.

Musterschreiben

1. Musterschreiben: Widerspruch

> Sehr geehrte Damen und Herren,
>
> gegen Ihren Bescheid vom ... lege ich hiermit Widerspruch ein.
>
> Der Bescheid ist rechtswidrig, weil ...
>
> *oder*
>
> Eine Begründung werde ich nachreichen.
>
> Mit freundlichen Grüßen

2. Musterschreiben: Überprüfungsantrag

> Sehr geehrte Damen und Herren,
>
> ich beantrage hiermit, den Bescheid vom ...(*gegebenenfalls* in Form des Widerspruchsbescheids vom ...) gem. § 44 SGB X zu überprüfen.
>
> Bei Erlass dieses Bescheids *(bzw. des Widerspruchsbescheids vom ...)* ist das Recht unrichtig angewandt bzw. von einem unrichtigen Sachverhalt ausgegangen worden, weil ...
>
> Mit freundlichen Grüßen

3. Musterschreiben: Untätigkeitsklage (Sozialgericht)

Sozialgericht Musterstadt
Gerichtsstraße 1
PLZ Musterstadt

U N T Ä T I G K E I T S K L A G E

1. der Petra P., Musterstr. 1, PLZ Musterstadt – Klägerin 1 –
2. der Paula P., Musterstr. 1, PLZ Musterstadt, – Klägerin 2 –
   gesetzlich vertreten durch die Klägerin 1

gegen

Jobcenter Landkreis Musterstadt, Behördengasse 1, – Beklagter – PLZ Musterstadt – Beklagter –

wegen (*z. B.*) Leistungen zur Sicherung des Lebensunterhalts nach dem Sozialgesetzbuch II

Es wird beantragt,

den Beklagten zu verurteilen, über den (Überprüfungs-)Antrag des Klägers vom XX.XX.20XX zu entscheiden.

oder

den Beklagten zu verurteilen, über den Widerspruch des Klägers vom XX.XX.20XX gegen den Bescheid vom XX.XX.20XX zu entscheiden.

Begründung:

Der Beklagte hat (*gegebenenfalls* trotz Aufforderung) über den (Überprüfungsantrag des Klägers vom XX.XX.20XX nicht innerhalb der gesetzlichen Frist von sechs Monaten entschieden. Ein hinreichender Grund hierfür ist nicht ersichtlich. Der Beklagte hat auch nicht mitgeteilt, warum er noch nicht entschieden hat.

Oder

Der Beklagte hat (*gegebenenfalls* trotz Aufforderung) über den Widerspruch des Klägers vom XX.XX.20XX gegen den Bescheid des Beklagten vom XX.XX.20XX nicht innerhalb der gesetzlichen Frist von drei Monaten entschieden. Ein hinreichender Grund hierfür ist nicht ersichtlich. Der Beklagte hat auch nicht mitgeteilt, warum er noch nicht entschieden hat.

Unterschrift

4.1 Musterschreiben: Klage Sozialgericht (mit Antrag auf Prozesskostenhilfe)

Sozialgericht Musterstadt
2. Gerichtsstraße 1
PLZ Musterstadt

K L A G E

1. der Petra P., Musterstr. 1, PLZ Musterstadt – Klägerin 1 –
2. der Paula P., Musterstr. 1, PLZ Musterstadt, – Klägerin 2 – gesetzlich vertreten durch die Klägerin 1

gegen

Jobcenter Landkreis Musterstadt, Behördengasse 1, – Beklagter – PLZ Musterstadt

wegen (z. B.) Leistungen zur Sicherung des Lebensunterhalts nach dem Sozialgesetzbuch II)

Die Klage richtet sich gegen den Bescheid vom XX.XX.20XX in Form des Widerspruchsbescheids vom XX.XX.20XX (Aktenzeichen ...).

Es wird beantragt, den Klägerinnen Prozesskostenhilfe zu bewilligen und Frau Rechtsanwältin X.../Herrn Rechtsanwalt Y...als Bevollmächtige/n beizuordnen.

Erklärungen über die persönlichen und wirtschaftlichen Verhältnisse werden nachgereicht werden.

Unterschrift

4.2. Musterschreiben: Antrag auf Einholung eines Gutachtens nach § 109 SGG

1. Sozialgericht Musterstadt
2. Gerichtsstraße 1
3. PLZ Musterstadt

Im Rechtsstreit
Rita R. ./. Deutsche Rentenversicherung Bund

Az. des Sozialgerichts
wird beantragt, gem. § 109 SGG ein Gutachten durch Herrn Prof. Dr. XX XXX, Universitätsklinikum Musterstadt, Klinik Str. 1, PLZ Musterstadt einzuholen.

Unterschrift

4.3 Musterschreiben: Antrag auf Übernahme der Kosten eines Gutachtens nach § 109 SGG

1. Sozialgericht Musterstadt
2. Gerichtsstraße 1
3. PLZ Musterstadt

Im Rechtsstreit

Rita R. ./. Deutsche Rentenversicherung Bund

Az. des Sozialgerichts

wird beantragt, die Kosten für das gem. § 109 SGG eingeholte Gutachten des Herrn Prof. Dr. XX XXX, Universitätsklinikum Musterstadt, Klinikstr. 1, PLZ Musterstadt, auf die Staatskasse zu übernehmen.

Begründung:

Das Gutachten hat den Rechtsstreit gefördert.

Nachdem es vorlag, hat die Beklagte den geltend gemachten Anspruch anerkannt.

Oder

Nachdem es vorlag, war klar, dass auch aus (z. B.) internistischen Gesichtspunkten ein Anspruch auf Rente nicht gegeben ist. Daraufhin war die Klage zurückgenommen worden.

Unterschrift

5. Musterschreiben: Eilantrag (Sozialgericht)

Sozialgericht Musterstadt
Gerichtsstraße 1
PLZ Musterstadt

Antrag auf Erlass einer einstweiligen Anordnung

1. der Petra P., Musterstr. 1, PLZ Musterstadt – Antragst. 1 –
2. der Paula P., Musterstr. 1, PLZ Musterstadt, – Antragst. 2 –
   gesetzlich vertreten durch die Antragstellerin 1

gegen

Jobcenter Landkreis Musterstadt, – Antragsgegner –

Behördengasse 1, PLZ Musterstadt

wegen (z. B.) Leistungen zur Sicherung des Lebensunterhalts nach dem Sozialgesetzbuch II

Es wird beantragt,

den Antragsgegner im Wege der einstweiligen Anordnung zu verpflichten, den Antragstellerinnen ab Eingang dieses Eilantrags bei Gericht Leistungen nach dem SGB II in gesetzlichem Umfang zu bewilligen.

Begründung:

Die Antragstellerinnen haben Anspruch auf die begehrten Leistungen. Sie sind entgegen der Auffassung des Antragsgegners hilfebedürftig im Sinne des Gesetzes ...

Die Angelegenheit ist auch eilbedürftig. Die Antragstellerinnen können ohne Leistungen durch den Antragsgegner ihren Lebensunterhalt nicht sichern, ihre Miete nicht bezahlen und ihren sonstigen finanziellen Verpflichtungen nicht nachkommen ...

Unterschrift

Stichwortverzeichnis

Weitere Titel

- *Andrea Westhoff/Justin Westhoff*
  Ihre Rechte als Kassenpatient
  Wie Sie auch als gesetzlich Versicherter von Ärzten und Kassen bekommen, was Ihnen zusteht
  ISBN 978-3-7093-0295-8
  2010, 160 Seiten
  EUR 9,90 (D)/EUR 10,20 (A)
- *Roland Stimpel*
  In 10 Schritten zum Eigenheim
  Planen, kaufen, bauen: Von der Suche bis zur Finanzierung – Ihr Wegweiser zum eigenen Haus
  ISBN 978-3-7093-0288-0
  2010, 160 Seiten
  EUR 9,90 (D)/EUR 10,20 (A)
- *Agnes Fischl/Bernhard F. Klinger/Michael Lettl*
  Das Testament
  Konkrete Anleitungen für alle Lebensmodelle – vom Single bis zur Patchwork-Familie. Wie Sie Streit vermeiden und Steuern sparen.
  ISBN 978-3-7093-0264-4
  2009, 168 Seiten
  EUR 9,90 (D)/EUR 10,20 (A)
- *Sven Klinger/Joachim Mohr/Wolfgang Roth/Johannes Schulte*
  Patientenverfügung und Vorsorgevollmacht
  Was Ärzte und Bevollmächtigte für Sie in einem Notfall tun sollten. Was die Neuregelung für Sie konkret bedeutet.
  ISBN 978-3-7093-0289-7
  2. Auflage 2009, 156 Seiten
  EUR 9,90 (D)/EUR 10,20 (A)
- *Michael Schröder*
  Scheidung – aber fair
  Sorgerecht – Unterhalt – Umgangsrecht . Es geht auch friedlich, wenn die Vernunft siegt.
  ISBN 978-3-7093-0272-9
  2. Auflage 2009, 176 Seiten
  EUR 9,90 (D)/EUR 10,20 (A)

- *Andreas Heiber*
  Die neue Pflegeversicherung
  Der Antrag – die Pflegestufen – die Leistungen: Ihre neuen Möglichkeiten und Chancen
  ISBN 978-3-7093-0237-8
  2008, 192 Seiten
  EUR 9,90 (D)/EUR 10,20 (A)
- *Eva Schmitz-Gümbel/Karin Wistuba*
  Erfolgreich zum Traumjob
  Coaching zur Berufswahl für Eltern und Schüler
  ISBN 978-3-7093-0213-2
  2008, 168 Seiten
  EUR 9,90 (D)/EUR 10,20 (A)
- *Astrid Congiu-Wehle/Joachim Mohr*
  Das neue Unterhaltsrecht
  Wie viel bekomme ich? Wie viel muss ich zahlen?
  ISBN 978-3-7093-0229-3
  2008, 168 Seiten
  EUR 9,90 (D)/EUR 10,20 (A)
- *Karin Spitra/Ulf Weigelt*
  Ihr Recht als Arbeitnehmer
  Vom Vorstellungsgespräch bis zur Kündigung – was darf der Chef?
  ISBN 978-3-7093-0218-7
  2008, 192 Seiten
  EUR 9,90 (D)/EUR 10,20 (A)
- *Wolfgang Jüngst/Matthias Nick*
  Arbeiten und Leben im Ausland
  Auswandern oder Überwintern: alle wichtigen Informationen. Mit 10 Länderkapiteln von Schweiz bis USA.
  ISBN 978-3-7093-0214-9
  EUR 9,90 (D)/EUR 10,20 (A)
- *Tibet Neusel/Sigrid Beyer/Kathrin Arrocha*
  Immobilienkauf
  Haus oder Wohnung – Alles über Finanzierung, Recht und Steuern
  ISBN 978-3-7093-0195-1
  2008, 190 Seiten
  EUR 9,90 (D)/EUR 10,20 (A)

- *Andrea Erdmann/Andreas Kobschätzky*
  Erfolgreich bewerben
  Von der systematischen Vorbereitung zum souveränen Bewerbungsgespräch und fairen Arbeitsvertrag
  ISBN 978-3-7093-0187-6
  2008, 176 Seiten
  EUR 9,90 (D)/EUR 10,20 (A)

- *Hans-Herbert Holzamer*
  Optimales Wohnen und Leben im Alter
  Alle Wohnformen im Überblick – alle staatlichen Förderungen – Checklisten und Adressen
  ISBN 978-3-7093-0196-8
  2008, 176 Seiten
  EUR 9,90 (D)/EUR 10,20 (A)

- *Ralph Jürgen Bährle/Susanne Hartmann*
  Nebenjobs
  Minijobs und die 400-Euro-Regel – Ein Wegweiser zum sicheren Zusatzverdienst
  ISBN 978-3-7093-0139-5
  2007, 160 Seiten
  EUR 9,90 (D)/EUR 10,20 (A)

- *Armin Abele/ Bernhard Klinger/Thomas Maulbetsch/ Joachim Müller*
  Partnerschaft ohne Trauschein
  Alle wichtigen Rechtsfragen
  ISBN 978-3-7093-0096-1
  2007, 184 Seiten
  EUR 9,90 (D)/EUR 10,20 (A)

- *Frank Donovitz/Joachim Reuter/Lorenz Wolf-Doettinchem*
  Das 1x1 der Altersvorsorge
  In sechs Schritten zu mehr Wohlstand in der Rente
  ISBN 978-3-7093-0150-0
  2007, 152 Seiten
  EUR 9,90 (D)/EUR 10,20 (A)

- *Frank Donovitz/Elke Schulze*
  Richtig versichern
  Welche Versicherung Sie jetzt brauchen und welche Sie sich sparen können.
  ISBN 978-3-7093-0175-3
  2007, 144 Seiten
  EUR 9,90 (D)/EUR 10,20 (A)

- *Ulrike Fokken*
  Ihre private Ökobilanz
  So sparen Sie Energie und Kosten und schonen die Umwelt.
  ISBN 978-3-7093-0181-4
  2007, 192 Seiten
  EUR 9,90 (D)/EUR 10,20 (A)

- *Wolfgang Jüngst/Matthias Nick*
  Wenn der Nachbar nervt
  Rechte und Pflichten in der Nachbarschaft
  ISBN 978-3-7093-0174-6
  2007, 160 Seiten
  EUR 9,90 (D)/EUR 10,20 (A)

- *Tibet Neusel/Kathrin Arrocha/Sigrid Beyer*
  Kinder, Geld und Steuern
  Das neue Elterngeld – Steuern sparen für Familien – Klug vorsorgen. Viele praktische Tipps und Rechenbeispiele.
  ISBN 978-3-7093-0164-7
  2. Auflage 2007, 192 Seiten
  EUR 9,90 (D)/EUR 10,20 (A)

- *Inken Wanzek/Christine Rosenboom*
  Arbeitsplatz in Gefahr – Das sind Ihre Rechte
  Kündigung – Beschäftigungsgesellschaft – Aufhebungsvertrag – Mobbing – Trennungsgespräche
  ISBN 978-3-7093-0152-4
  2007, 240 Seiten
  EUR 14,90 (D)/EUR 15,40 (A)

- *Tibet Neusel/Kathrin Arrocha/Sigrid Beyer*
  Neue Renten- und Pensionsbesteuerung
  Das Alterseinkünftegesetz – Absatzmöglichkeiten – Strafverfolgung vermeiden – Erstattungsansprüche sichern
  ISBN 978-3-7093-0118-0
  2006, 192 Seiten
  EUR 9,90 (D)/EUR 10,20 (A)

- *Eva Schmitz-Gümbel/Birgit Schönberger*
  Mein Geld, dein Geld
  Finanzratgeber für Paare
  ISBN 978-3-7093-0095-4
  2006, 160 Seiten
  EUR 9,90 (D)/EUR 10,20 (A)

- *Andreas Vogler/Gerald Reischl*
  Die 1000-Euro-Firma
  Mit wenig Geld zum eigenen Internet-Unternehmen. Konkrete Anleitung zur Gründung und Durchführung.
  ISBN 978-3-7093-0125-8
  2006, 264 Seiten
  EUR 14,90 (D)/EUR 15,40 (A)

- *Tibet Neusel*
  Streiten mit dem Finanzamt
  Wie Sie als juristischer Laie Ihre Rechte durchsetzen.
  ISBN 978-3-7093-0032-9
  2004, 208 Seiten
  EUR 14,90 (D)/EUR 15,40 (A)

- *Frank Donovitz/Joachim Reuter/Karin Spitra*
  Das 1x1 des Geldes
  So bleibt Ihnen mehr vom Einkommen. Sparen – Versicherungen – Kredite – Konto – Immobilien
  ISBN 978-3-7093-0038-1
  2004, 144 Seiten
  EUR 9,90 (D)/EUR 10,20 (A)